Beiträge zur Kenntnis südasiatischer Sprachen und Literaturen

34

Herausgegeben von Dieter B. Kapp

2020

Harrassowitz Verlag · Wiesbaden

Klaus Mylius

Vergleichende Grammatik der literarischen Prākṛt-Sprachen

Mit einem Geleitwort
von Prof. Dr. Jost Gippert

2020
Harrassowitz Verlag · Wiesbaden

Bibliografi sche Information der Deutschen Nationalbibliothek
Die Deutsche Nationalbibliothek verzeichnet diese Publikation in der Deutschen Nationalbibliografie; detaillierte bibliografische Daten sind im Internet über https://dnb.dnb.de abrufbar.

Bibliographic information published by the Deutsche Nationalbibliothek
The Deutsche Nationalbibliothek lists this publication in the Deutsche Nationalbibliografie; detailed bibliographic data are available in the internet at https://dnb.dnb.de

Informationen zum Verlagsprogramm finden Sie unter
http://www.harrassowitz-verlag.de

Kreuzberger Ring 7c-d, D-65205 Wiesbaden,
produktsicherheit.verlag@harrassowitz.de

Gedruckt auf alterungsbeständigem Papier.
Printed in Germany

ISSN 0948-2806
ISBN 978-3-447-11560-5

Inhaltsverzeichnis

Geleitwort ix

Vorwort xi

Abkürzungsverzeichnis xiii

1. Einleitung 1
1.1 Zur linguistischen Position der literarischen Prākṛts 1
1.2 Die kulturgeschichtliche Bedeutung der literarischen Prākṛts 2

2. Lautlehre 6
2.1 Lautbestand 6
2.2 Lautwandel 7
2.2.1 Lautwandel im Wortanlaut 8
2.2.2 Lautwandel im Wortauslaut 9
2.2.3 Lautwandel im Inlaut 9
2.2.4. Lautwandel in Konsonantengruppen 12
2.2.5. Dehnung kurzer Vokale 13
2.2.6 Kürzung langer Vokale 14
2.2.7 Sonstige Veränderungen einzelner Vokale 14
2.2.8 Ausfall von Vokalen 15
2.2.9 Hinzufügung von Vokalen (Svarabhakti) 16
2.2.10 Saṁprasāraṇa 17
2.2.11 Vokalischer Sandhi 18
2.2.12 Konsonantenassimilation 19

3. Formenlehre 23
3.1 Deklination der Nomina und Adjektive 23
3.1.1 Vorbemerkungen 23
3.1.2 Masculina auf *-a* 24
3.1.3 Neutra auf *-a* 27
3.1.4 Masculina auf *-i* 27
3.1.5 Masculina auf *-u* 29
3.1.6 Feminina auf *-ā* 29
3.1.7 Feminina auf *-ī* 30
3.1.8 Feminina auf *-ū* 31
3.1.9 Feminina auf *-i* und *-u* 31
3.1.10 Skt.-Stämme auf *-ṛ* (Nomina agentis) 32
3.1.11 Skt.-Stämme auf *-ṛ* (Verwandtschaftstermini) 33
3.1.12 Skt.-Stämme auf *-o* und *-au* 35
3.1.13 Konsonantische Deklination 35
3.1.14 Steigerungsformen der Adjektive 40

3.2 Deklination der Pronomina 40
3.2.1 Personalpronomina 40
3.2.2 Relativpronomina 44
3.2.3 Interrogativpronomina 46
3.3 Numeralia 47
3.3.1 Cardinalia 47
3.3.2 Ordinalia 50
3.4 Adverbien, Konjunktionen und Interjektionen 50
3.4.1 Adverbien 50
3.4.2 Konjunktionen 52
3.4.3 Interjektionen 52
3.5 Konjugation 53
3.5.1 Vorbemerkungen 53
3.5.2 Konjugation der *a*-Klasse (Klasse I) 54
3.5.3 Konjugation der *e*-Klasse (Klasse II) 61
3.5.4 Konjugation der III. Klasse 62
3.5.5 Konjugation der Verben nach den Sanskrit-Präsensklassen 64
3.5.6 Das Imperfekt 73
3.5.7 Der Aorist 73
3.5.8 Das Perfekt 74
3.5.9 Das Futurum 74
3.5.10 Das Kausativum 76
3.5.11 Das Passiv 77
3.5.12 Denominativa 79
3.5.13 Partizipien 79

4. Wortbildung und Komposition 97
4.1 Komposition 97
4.1.1 Kopulative Komposita 97
4.1.2 Determinativkomposita 97
4.1.3 Possessivkomposita 98
4.1.4 Adverbiale Komposita 98
4.1.5 Verbale Komposition 99
4.1.6 Nachleben der Kompositaltypen 99
4.2 Suffixale Wortbildung 100

5. Syntax 101
5.1 Syntaktische Grundprinzipien 101
5.1.1 Bestimmtheit und Unbestimmtheit 101
5.1.2 Wortstellung 101
5.1.3 Direkte Rede 102
5.2 Verwendung der Formenkategorien (Morphosyntax) 102

5.2.1 Kasus ... 102
5.2.2 Numerus ... 104
5.2.3 Modi ... 104
5.2.4 Tempora ... 105
5.2.5 Infinite Kategorien ... 105

6. Anhang: Zur Geschichte der Erforschung der Prākṛt-Sprachen ... 106

7. Verzeichnis der Sekundärliteratur ... 108

8. Indizes ... 110
8.1 Sachwortregister ... 110
8.2 Personenregister ... 114
8.3 Wortregister ... 115

Geleitwort

Mit der vorliegenden *Vergleichenden Grammatik der literarischen Prākṛt-Sprachen* krönt Klaus Mylius ein immenses Oeuvre, mit dem er sich seit den 1960-er Jahren in höchst facettenreicher Weise dem indischen Subkontinent, seiner Geographie, seiner Kultur, seinen Literaturen und seinen Sprachen gewidmet hat. Standen anfangs noch das Sanskrit und die vedische Überlieferung im Vordergrund seines reichhaltigen Schaffens – zu nennen wären hier, nach seiner Doktordissertation über die *Ökonomische Geographie Pakistans* (Halle 1962), insbesondere die Wörterbücher *Sanskrit-Deutsch* (sechs Auflagen zwischen 1978 und 2005) und *Deutsch-Sanskrit* (vier Auflagen zwischen 1988 und 2005), die *Geschichte der Literatur im alten Indien* (1983) und die *Geschichte der altindischen Literatur* (1988/2003), dann die Ausgaben der *Bhagavadgītā* (vier Auflagen zwischen 1980 und 1997), des *Kāmasūtra* (neun Auflagen zwischen 1986 und 2003) und des *Āśvalāyana-Śrautasūtra* (1994) –, so richtete sich sein Augenmerk seit mehr als 20 Jahren mehr und mehr auf die Sprachen der mittelindischen Periode, beginnend mit den Wörterbüchern *Pāli-Deutsch* (1997) und *Ardhamāgadhī-Deutsch* (2003), dem *Wörterbuch des kanonischen Jinismus* (2004), dem *Wörterbuch Deutsch-Pāli* (2008) sowie dem *Lehrbuch der Ardhamāgadhī* (2014) und weitergeführt in den letzten Jahren mit einem Zyklus von Arbeiten zu den sonstigen literarischen Prākṛt-Sprachen, die jeweils grammatische Darstellung und Glossar in sich vereinigen (*Māhārāṣṭrī*, 2016, *Śaurasenī*, 2018, *Māgadhī*, 2019). Ganz im Sinne ihres Titels stellt die *Vergleichende Grammatik* gewissermaßen die Quintessenz dieses Schaffens dar, indem sie versucht, die bisher in der Indologie viel zu spärlich behandelten Prākṛts einer Gesamtschau zu unterziehen, die nicht nur ihr Verhältnis untereinander sowie zum Sanskrit beleuchtet, sondern dies auch erstmalig mit einer streng didaktisch angelegten Methode erreichen will.

In der Tat ist Klaus Mylius, vielleicht wie kein anderer, dazu befähigt, die Gegenstände der Indologie in pädagogisch anschaulicher Weise zu vermitteln. Er kann dabei nicht nur auf sein eigenes Buch *Zur Didaktik mittelindischer Sprachen* (2013) zurückgreifen, sondern vor allem auf einen Erfahrungsschatz in der universitären Lehre, der seinesgleichen sucht. Ich selbst habe dies bereits 1988 erstmalig zu schätzen gelernt, als ich Klaus Mylius während eines Seminars zum vedischen Ritual an der Freien Universität Berlin hören durfte. Von 1996 bis 2015 unterrichtete er Sanskrit, Vedisch und mittelindische Sprachen am von mir geleiteten Institut für Vergleichende Sprachwissenschaft (inzwischen umbenannt als Institut für Empirische Sprachwissenschaft) an der Johann Wolfgang Goethe-Universität in Frankfurt / Main; Generationen von Studierenden, die sich seiner Lehre erfreuen durften, schwärmen noch heute von seinem Unterricht.

Mit der *Vergleichenden Grammatik der literarischen Prākṛt-Sprachen* hat Klaus Mylius ein Werk geschaffen, das, so hoffe ich, die mehr und mehr aus dem universitären Kanon verschwindenden älteren Sprachstufen des Indischen und ihre literarischen Erzeugnisse wieder auf den Platz zurückführen wird, der ihnen als Gegenstand des Weltkulturerbes gebührt. Der Wissensschatz, den das Buch in sich vereinigt, ist aber nicht nur für die Indologie, sondern auch für die Sprachwissenschaft von größtem Interesse, zeigt sich hier doch in besonders deutlicher Weise, wie in der Sprachgeschichte Regelhaftigkeiten und Irregularitäten Hand in Hand gehen können. Das Buch sei deshalb all denen dringlich empfohlen, für die Sprachwandel nicht eine lästige Begleiterscheinung der Geschichte ist, sondern ein höchst interessantes Studienobjekt in sich.

Goethe-Universität Frankfurt am Main

Institut für Empirische Sprachwissenschaft

Im November 2020

Jost Gippert

Vorwort

Bekanntlich gibt es mehrere Prākṛt-Grammatiken (s. das Verzeichnis der Sekundärliteratur), so das monumentale Werk von Richard Pischel *Grammatik der Prākrit-Sprachen* (Straßburg 1900), das von profunder Gelehrsamkeit zeugt, aber geradezu undidaktisch angelegt ist. Ähnlich steht es mit dem Buch von Sukumar Sen. Die Grammatik von Alfred C. Woolner wiederum berücksichtigt nur die Māhārāṣṭrī und die Śaurasenī, lässt aber die Ardhamāgadhī und die Māgadhī außer Acht. Die Syntax wird sogar in dem sonst meisterhaften Werk von Pischel übergangen.

Im vorliegenden Buch hat sich der Verfasser daher nach Kräften um Übersichtlichkeit bemüht (und die Syntax einbezogen). Ansonsten hat er sich zum Ziel gesetzt, eine Überfülle von Formen und Regeln (und deren Ausnahmen) zu vermeiden und sich auf den Wissensstoff zu konzentrieren, der tatsächlich unentbehrlich ist. Die Trennung des Wichtigen von weniger Wichtigem ist ein grundlegendes Prinzip der Didaktik der mittelindoarischen Sprachen und auch des Sanskrit.

Eine unabdingbare Voraussetzung für ein erfolgreiches Studium der mittelindischen Sprachen sind Grundkenntnisse im Sanskrit. Nach den Erfahrungen des Verfassers sollte hierzu das Material zählen, das in Georg Bühlers *Leitfaden für den Elementarcursus des Sanskrit* (3. Aufl., Darmstadt 1968) in den Lektionen I bis XXIV (einschließlich) enthalten ist.

Bei der Bearbeitung dieses Buches wurde dem Verfasser in akademischer Solidarität die Unterstützung durch mehrere Fachkollegen zuteil. Schwer erhältliche Literatur haben mir zugänglich gemacht der Leiter des Instituts für Indologie in Wichtrach (Schweiz), Dr. Peter Thomi, und die Professoren Dr. Andreas Bock-Raming (Göttingen/Freiburg), Dr. Gyula Wojtilla (Budapest/Szeged) und mein hochgeschätzter Freund und Kollege Dr. Dieter B. Kapp (Universität zu Köln). Letzterem danke ich auch für die Aufnahme dieses Titels in die von ihm herausgegebene Reihe „Beiträge zur Kenntnis südasiatischer Sprachen und Literaturen" sowie die finale Korrektur des Textes.

Der Direktor des Instituts für Empirische Sprachwissenschaft der Goethe-Universität Frankfurt am Main, Prof. Dr. Jost Gippert, hatte die Freundlichkeit, das Manuskript einer kritischen Durchsicht zu unterziehen und etliche Verbesserungen einzubringen. Dafür sowie für die Digitalisierung und die Formatierung des Textes sei ihm besonders herzlich gedankt.

Ebenso gedankt sei dem traditionsreichen Verlag Otto Harrassowitz und seiner Leiterin, Frau Dr. Barbara Krauß, für die Fortsetzung der jahrzehntelangen Zusammenarbeit durch die Aufnahme dieses Titels in sein Publikationsprogramm und für die bewährte Qualität in der Herstellung des Buches.

Der Verfasser hofft, den Interessenten – vorwiegend Indologen und Linguisten – den Zugang zur Welt der mittelindoarischen Sprachen ein wenig erleichtert zu haben.

Goethe-Universität Frankfurt am Main

Institut für Empirische Sprachwissenschaft

Im November 2020

Klaus Mylius

Abkürzungsverzeichnis

Abl.	Ablativ
Abs.	Absolutiv
Adj.	Adjektiv
Adv.	Adverb
Akk.	Akkusativ
AMg.	Ardhamāgadhī
Ātm.	Ātmanepada
Dat.	Dativ
Denom.	Denominativum
Desid.	Desiderativum
enkl.	enklitisch
f., fem.	Femininum
Fut.	Futurum
Gen.	Genitiv
Ger.	Gerundivum
Impv.	Imperativ
Impf.	Imperfekt
Ind.	Indikativ
Indekl.	Indeklinabile
Inf.	Infinitiv
Instr.	Instrumental
Interj.	Interjektion
intr.	intransitiv
JM.	Jaina-Māhārāṣṭrī
JŚ.	Jaina-Śaurasenī
Kaus.	Kausativum
Konj.	Konjunktion
Lok.	Lokativ
m., masc.	Masculinum
Mg.	Māgadhī
Mh.	Māhārāṣṭrī
n., ntr., neutr.	Neutrum
Nom.	Nominativ
Num.	Numerale, Zahlwort
Opt.	Optativ
Pai.	Paiśācī
Part.	Partizip
Pass.	Passiv
Pers.	Person
Pl.	Plural
PPP	Partizip Präteritum Passiv
Präf.	Präfix
Präp.	Präposition
Präs.	Präsens
Pron.	Pronomen
Pron. dem.	Demonstrativpronomen
Pron. int.	Interrogativpronomen
Pron. pers.	Personalpronomen
Pron. poss.	Possessivpronomen
Ś.	Śaurasenī
Sg.	Singular
Skt.	Sanskrit
Subst.	Substantiv
Sup.	Superlativ
tr.	transitiv
ved.	vedisch
Vok.	Vokativ

1. Einleitung

1.1 Zur linguistischen Position der literarischen Prākṛts

Die indische Sprachgeschichte beginnt mit dem Altindoarischen. Dazu zählen das Vedische, das etwa um 1500 v.Chr. einsetzt, und das von Pāṇini (wohl gegen 400 v. Chr.) kodifizierte Sanskrit. Die jüngste Stufe des Vedischen, das Jungvedische, endete gegen 500 v.Chr. Nicht als starre Sequenz, sondern allmählich setzen um die Mitte des 1. Jahrtausends v.Chr. die mittelindoarischen Sprachen ein. Deren erste Stufe bilden die Aśoka-Inschriften und die Dramen des Aśvaghoṣa. Die zweite Stufe wird im wesentlichen durch das Pāli, die Sprache des buddhistischen Kanons, repräsentiert. Die dritte Stufe des Mittelindoarischen bilden die Prākṛts. Die mittelindoarischen Sprachen klingen aus mit dem Apabhraṁśa in der zweiten Hälfte des 1. Jahrtausends n.Chr. Um 1000 erfolgt der Übergang in die modernen, neuindoarischen Sprachen.

Der Begriff Prākṛt ist von *prakṛti* abgeleitet, das hier „Natur“, „Ursprünglichkeit“ bedeutet. Gemeint ist also die natürliche Volkssprache im Unterschied zum regulierten Sanskrit. Die dazu gehörenden Sprachen stehen aber zum Sanskrit nicht – wie man lange geglaubt hat und wie auch die altindischen Grammatiker angenommen haben – im selben Verhältnis wie etwa die romanischen Sprachen zum Latein; sie sind also keine Tochtersprachen des Sanskrit. Vielmehr gehen die Prākṛts auf bestimmte vedische Dialekte zurück. Mitunter finden sich schon in vedischen Texten „Prākṛtismen“.

Auch wenn die Prākṛts, wie noch zu zeigen sein wird, über zahlreiche Alleinstellungsmerkmale verfügen, ist ihre Verwandtschaft mit dem Sanskrit und dem Vedischen unverkennbar. Oft ist es möglich, eine Wort-für-Wort-Übertragung aus dem Prākṛt in das Sanskrit vorzunehmen. Dies tut man auch tatsächlich, und zwar zur Verdeutlichung der Prākṛt-Passagen aus den Dramen. Diese Art der Skt.-Übersetzung führt den Namen *chāyā* „Schatten“. Daher muss betont werden, dass alle Prākṛt-Studien Grundkenntnisse in Sanskrit voraussetzen.

Ebenso wie das Pāli sind auch verschiedene Prākṛts aus Volks- zu Literatursprachen geworden. Diese Prākṛts im engeren Sinne sind die Māhārāṣṭrī, die Śaurasenī, die Ardhamāgadhī, die Paiśācī und die Māgadhī. So sahen es auch die indischen Grammatiker, insbesondere Vararuci. Pāli, die weitgehend vom Sanskrit beeinflusste Sprache des buddhistischen Kanons, kann man nicht zu den Prākṛts zählen. Ebenso müssen die verschiedenen Formen des Apabhraṁśa ausgeschlossen werden. Schon Vararuci hatte ihn nicht als Prākṛt anerkannt. Im *Kāvyādarśa* (I, 32) trennt Daṇḍin den Apabhraṁśa von den Prākṛts. So verfahren auch Heinz Bechert und Georg von Simson in ihrer *Einführung in die Indologie* (2. Aufl., Darmstadt 1993).

Die frühen indischen Grammatiker zählen viele Prākṛt-Dialekte auf. So nennt Mārkaṇḍeya elf Paiśācī-Dialekte. Sie haben aber alle keine literarische Bedeutung erlangt. Für die Literatur-, Theater- und Religionsgeschichte sind nur die wenigen oben erwähnten Prākṛt-Sprachen relevant. Hinsichtlich der Paiśācī muss eine weitere Einschränkung gemacht werden. Über diese (wörtlich „Sprache der Dämonen") wissen wir nur sporadisch etwas durch die Werke der Grammatiker. Die Bṛhatkathā des Guṇāḍhya, eine Sammlung von Erzählungen, die in Paiśācī abgefasst war, liegt uns nur in einer Skt.-Übersetzung vor. Es fallen also in unsere Betrachtungen nur die literarisch bedeutenden Prākṛts: die Ardhamāgadhī (deren Kenntnis unerlässlich für das Studium des Jinismus ist) und die literatur- und theatergeschichtlich bedeutsamen Sprachen Māhārāṣṭrī, Māgadhī und Śaurasenī. Wo erforderlich, wird hier auch auf die Jaina-Śaurasenī (die Sprache des Digambara-Kanons) und die Jaina-Māhārāṣṭrī (die Sprache des außerkanonischen Jinismus) eingegangen.

Die Mh. galt den indischen Grammatikern, aber auch dem Dichter Daṇḍin als das vorzüglichste Prākṛt, sozusagen als das Prākṛt par excellence. Im *Kāvyādarśa* (I, 35) heißt es: *mahārāṣṭrāśrayāṁ bhāṣāṁ prakṛṣṭaṁ prākṛtaṁ viduḥ* – „Die in Mahārāṣṭra beheimatete Sprache kennt man als vorzügliches Prākṛt". Die nichtkanonische Literatur der Śvetāmbaras ist in einer modifizierten Form der Mh. gehalten, so dass man von einer JM. sprechen kann. Typisch für dieses Idiom ist die Beibehaltung des *y* zur Überbrückung von Hiaten.

Die Ardhamāgadhī hat sich schon viel weiter vom Sanskrit entfernt als das Pāli. Von den Prākṛt-Sprachen im engeren Sinn steht die Śaurasenī dem Skt. noch am nächsten. Die Māgadhī ist nur aus den östlichen Aśoka-Inschriften und einigen Dramen bekannt. Der Belegstand ist also recht begrenzt. Vielfach gibt es in der Grammatik keine vollständigen Paradigmata (wie im Avesta). Auffallend ist, dass von der Māgadhī mehrere Dialekte überliefert sind, nämlich die Śākārī, die Cāṇḍālī, die Śābarī und die Dhakkī. Literarischen Rang erreichte nur die (hier zugrunde gelegte) Śākārī. Es unterliegt keinem Zweifel, dass Buddha in der Māgadhī gepredigt hat. Da er sich auf einem Gebiet von 600 km in West-Ost-Richtung und 300 km in Nord-Süd-Richtung bewegt hat, dürfte er, gebildet wie er war, in dem in der jeweiligen Gegend üblichen Dialekt gesprochen haben.

1.2 Die kulturgeschichtliche Bedeutung der literarischen Prākṛts

Für die Religionsgeschichte von größter Bedeutung ist die Ardhamāgadhī, denn sie ist die Sprache des Kanons der Śvetāmbara-Jainas.[1]

[1] Zu den einzelnen Texten dieses Kanons s. Mylius, K.: *Geschichte der altindischen Literatur*, 2. Aufl. (Wiesbaden 2003), S. 339–352.

Wie schon kurz bemerkt, hat die Śaurasenī neben der theaterwissenschaftlichen auch eine religionsgeschichtliche Relevanz. Dies gilt vor allem für die Digambara-Jainas. Deren Kanon ist nicht nur in Skt. überliefert, sondern auch in einem Prākṛt-Dialekt, der der Ś. nahesteht, aber auch Züge der Ardamāgadhī aufweist und als Jaina-Śaurasenī bezeichnet wird.[2]

Für die Kulturgeschichte sind die altindischen Dramen und Poeme von Bedeutung. Es ist bemerkenswert, dass in den Dramen verschiedene Sprachen Anwendung finden. Dies erfolgt keineswegs wahllos, sondern zur besseren Charakterisierung der handelnden Personen. So sprechen der Held, Könige, Brahmanen, Asketen, aber auch Hetären, wenn sie ihre Bildung zeigen wollen, Sanskrit. Ansonsten werden Prākṛts verwendet. Prākṛt sprechen meistens Frauen, Kinder und Leute aus dem Volk. Die sprachliche Verschiedenheit bietet mitunter bedeutende dramaturgische Möglichkeiten. So spricht die Hetäre Vasantasenā als Frau Prākṛt, ihre Verse aber sind auf Skt., womit sie zeigt, dass sie eine Persönlichkeit von Distinktion ist.

In dem Drama *Mudrārākṣasa* erscheint ein Schlangenbeschwörer, der entsprechend seiner niederen Herkunft Prākṛt redet. In Wirklichkeit ist er aber ein Spion, und um dem Publikum klarzumachen, dass er ein ganz anderer ist, als der er sich ausgibt, spricht er in einem Moment des Alleinseins Sanskrit.

In Śaurasenī sind vor allem die Prosateile gehalten. Wie schon bemerkt, sprechen Frauen, Kinder und einfache Leute Śaurasenī. Doch gibt es Ausnahmen. Die bekannteste ist wohl die *Karpūramañjarī*, ein Vierakter von Rājaśekhara. Hier spricht selbst der König nicht Sanskrit, sondern Śaurasenī. Dieses Drama ist zudem durch einen Dialog interessant, den zwei Theaterleute im Prolog miteinander auf Māhārāṣṭrī führen. Einer der beiden stellt die Frage, warum der Autor das Stück nicht auf Sanskrit, sondern in Prākṛts geschrieben habe. Die Antwort lautet: *parusā sakkabandha paüabandho vi hoi suumāro* – „Sanskrit-Dichtungen sind rau, ein Prākṛt-Gedicht ist sehr zart". – Wie in Abschnitt 2.2 gezeigt wird, gewinnen die Prākṛts durch die häufige Elision intervokalischer Konsonanten gegenüber dem Skt. an Vokalreichtum und damit an Wohlklang.

Theatergeschichtlich hat unter den Prākṛts die Śaurasenī die größte praktische Bedeutung, weil die meisten des Sanskrit unkundigen Personen des altindischen Dramas sich dieser Sprache bedienen. Einige Dramen, in denen die Ś. gebraucht wird, sollen hier kurz erwähnt werden.[3] Die im 4. Jh. verfasste *Śakuntalā* ist das berühmteste Drama des Kālidāsa und wurde von Georg Forster, Herder und be-

---

[2] Zum detaillierten Eindringen in die Lehre und die Literatur des Jinismus verwende man des Verfassers *Wörterbuch des kanonischen Jinismus* (Wiesbaden 2005).

[3] Ausführliche Inhaltsangaben der folgenden Dramen und Poeme findet man in dem in Anm. 1 zitierten Werk.

sonders von Goethe hoch geschätzt. Die Grundlage des Stücks ist eine Legende aus dem *Mahābhārata* (I, 62–69), das Liebesverhältnis zwischen dem König Duṣyanta und der Śakuntalā. – Ein historisch und politisch bedeutsames Werk ist das *Mudrārākṣasa* („Des Kanzlers Siegelring“). Verfasser des sieben Akte umfassenden Stücks war Viśākhadatta, wohl ein jüngerer Zeitgenosse des Kālidāsa. Historischer Hintergrund ist der Machtwechsel von der Nanda- zur Mauryadynastie im 4. Jh. v. Chr. Hier stehen diplomatische Intrigen im Mittelpunkt. Noch bekannter ist das *Mṛcchakaṭika*, „Das irdene Wägelchen“, geläufig auch unter dem Namen der Protagonistin *Vasantasenā*. Die Heldin ist eine gebildete Hetäre, die mitunter sogar Sanskrit spricht. Sie und der verarmte Kaufmann Cārudatta haben ein platonisches Liebesverhältnis. Nach Überwindung vieler feindseliger Intrigen wird Vasantasenā Cārudattas Zweitgemahlin. Sprachlich ist das *Mṛcchakaṭika* dadurch bemerkenswert, dass die handelnden Personen mehrere Prākṛts sprechen. So alterniert die Śaurasenī mit der Māgadhī. Man wird an Aristophanes erinnert, bei dem Triballos einen Dialekt spricht, der mit dem Griechischen nur entfernt verwandt ist.

Die *Ratnāvalī* gilt als Drama von hohem Rang und wurde zu Anfang des 7. Jh. von König Śrīharṣa verfasst. Auch dieses Stück thematisiert ein Liebesverhältnis.

Zwischen 700 und 725 entstand der *Gauḍavaha* (Skt. *Gauḍavadha*). Der Verfasser war Bappairāa (Skt. Vākpatirāja). Das historiographische Werk besingt die Taten des Königs Yaśovarman von Kanauj, besonders seinen Feldzug zum Vindhya-Gebirge.

Die Māhārāṣṭrī steht der Śaurasenī in der literarischen Bedeutung kaum nach. Sie ist die Sprache fast der gesamten Prākṛt-Poesie. Sie findet Anwendung sowohl in der Epik als auch in der Dramatik und der Lyrik. Zudem ist sie die Sprache der nachkanonischen Literatur der Jainas. Einige besonders wichtige Werke, die in der Mh. bzw. in der JM. verfasst wurden, sollen hier wenigstens kurz genannt werden. Die *Samarāiccakahā* (Skt. *Samarādityakathā*) des Haribhadra ist eine Sammlung von religiös moralisierenden Geschichten. Ein jinistisches Epos aus dem 2. bis 3. Jh. liegt im *Paümacariya* (Skt. *Padmacarita*) vor. Das Werk ist eine jinistische Überarbeitung des *Rāmāyaṇa*. Ebenfalls ein Epos ist der *Rāvaṇavaha* (Skt. *Rāvaṇavadha*), der auch den Namen *Setubandha* führt. Das Werk könnte in der ersten Hälfte des 5. Jh. entstanden sein. – Die Mh. kommt aber auch in Dramen vor und wird dort besonders von vornehmen Damen gesprochen. So figuriert die Mh. als Sprache in Teilen folgender Dramen: *Śakuntalā*, *Mṛcchakaṭika*, *Ratnāvalī*, *Karpūramañjarī* und *Mudrārākṣasa*.

Aber auch lyrische Kunstdichtung ist in der Mh. vertreten. Berühmt wurde die aus 700 Versen bestehende Sammlung *Sattasaī* (Skt. *Saptasatī*). Sie entstand im 1. oder 2. Jh. im Andhra-Land, also im nordöstlichen Dekhan. Gewöhnlich wird sie dem König Hāla zugeschrieben, der die Verse aber wahrscheinlich nicht selbst verfasst, sondern kompiliert hat. In JM. ist die *Vasudevahiṇḍi* des Saṅghadāsa gehalten, ein Werk der jinistischen Erzählungsliteratur mit zahlreichen Geschichten zur Illustration der Karman-Lehre.

Zusammenfassend und etwas verallgemeinernd kann man sagen, dass die Śaurasenī mit der Prosa, die Māhārāṣṭrī mit der Poesie verbunden ist.

Die Bedeutung der Māgadhī für die Literaturgeschichte erreicht nicht die der Māhārāṣṭrī oder der Śaurasenī. Im altindischen Drama wurde die Māgadhī zur Sprache der unteren Volksklassen. Diener, Sklaven, Fischer, Untergeordnete bedienen sich ihrer. Einige Beispiele mögen dies zeigen. Im *Mṛcchakaṭika* wird Māgadhī vom Haarwäscher und von Dienern gesprochen. In der *Śakuntalā* sprechen ein Fischer und ein Stadtwächter Māgadhī. Im *Mudrārākṣasa* bedienen sich der Māgadhī u.a. ein Jaina-Mönch, zwei Metzger und ein Diener. Dass die Māgadhī der Unterschicht zugewiesen wird, ist nicht zufällig. Die Māgadhas (die erst später zur Blüte kamen) waren schon im *Śatapatha-Brāhmaṇa* verachtet und diskriminiert, wohl weil sie (da weit im Osten) später als andere Landesteile brahmanisiert wurden.

2. Lautlehre

2.1 Lautbestand

Zu Beginn des Studiums einer Sprache ist es unerlässlich, sich mit deren Lautbestand vertraut zu machen. Zur Feststellung des Lautbestandes der Prākṛts empfiehlt es sich, vom Prākṛt par excellence, also der Māhārāṣṭrī, auszugehen und damit die anderen Prākṛt-Sprachen zu vergleichen.

Das Mh.-Alphabet verfügt über Zeichen für die folgenden Laute.

Vokale:

kurz:	*a, i, u, e, o*
lang:	*ā, ī, ū, e, o*

Konsonanten

Velare:	*k, kh, g, gh, ṅ*
Palatale:	*c, ch, j, jh, ñ*
Retroflexe:	*ṭ, ṭh, ḍ, ḍh, ṇ*
Dentale:	*t, th, d, dh, n*
Labiale:	*p, ph, b, bh, m*
Liquide:	*r, l*
Gleitlaute:	*y, v*
Sibilant:	*s*
Laryngal:	*h*
Anusvāra:	*ṁ*

Aus dem Lautbestand des Sanskrit fallen also weg: die silbischen *ṛ, ṝ, ḷ*, die Diphthonge *ai* und *au*, die Sibilanten *ś* und *ṣ* und der Visarga *ḥ*. Doch kommt auch etwas hinzu: *e* und *o*, die im Skt. immer lang sind, können in der Mh. auch kurz sein; sie sind es stets vor Doppelkonsonanten. – *ai* und *au* sind keine Diphthonge mehr; die beiden Vokale fallen also auf getrennte Silben.

Der Lautbestand der Śaurasenī ist mit dem der Mh. fast identisch; nur fehlt der Gleitlaut *y*. Das silbische *ḷ* des Skt. kommt nur in manchen Dialekten der Ś. vor.

Der Lautbestand der AMg. unterscheidet sich nicht von dem der Mh. Demzufolge sind auch die Unterschiede gegenüber dem Skt. dieselben.

Dagegen weicht der Lautbestand der Mg. erheblich von dem der Mh. und des Skt. ab. Bei den Vokalen ergibt sich kein Unterschied: auch die Mg. hat kurze und lange *e* und *o*. Aber von den Palatalen sind nur *c*, *ch* und *ñ* vertreten. Außerdem fehlt das konsonantische *r*. Einschneidend ist ferner, dass von Sibilanten nur das palatale *ś* geblieben ist. Aus dem Lautbestand des Skt. fehlen also das silbische *ṛ*, das silbische *ṝ*, die Diphthonge *ai* und *au*, das konsonantische *r*, das dentale *s*, das retroflexe *ṣ* sowie der Visarga *ḥ*.

2.2 Lautwandel

Es geht nicht nur darum, dass etliche Laute des Skt. in den Prākṛts nicht mehr vorhanden sind. Gravierend ist vielmehr der Umstand, dass zahlreiche Laute und Lautverbindungen des Skt. phonetischem Wandel unterliegen. Allerdings folgt dieser nur teilweise festen Regeln; Ausnahmen sind ubiquitär. Es kann daher nur nachdrücklich empfohlen wrden, sich zu jeder Prākṛt-Vokabel die entsprechende Sanskrit-*chāyā* anzueignen.

Die Übersicht über die kombinatorischen Lautwandelprozesse in der folgenden Tabelle soll ein Hilfsmittel sein, darf aber nicht allzu hohe Erwartungen wecken. Die Tabelle ist – um einen Ausdruck aus der Geographie zu gebrauchen – eine Generalisierung. Feste Regeln wie im Skt. sind in den Prākṛts nur selten zu finden.

k	*kta > tta; ktha > ttha; kpa > ppa; kya > kka; kra > kka; kla > kka; kva > kka; ksa > ccha oder kkha* (Mg. > *śka*)
kh	*khya > kkha*
g	*gna > ga; geia > dda; gdha > ddha; gna > gga; ghha > hhha; gma, gya, gra > gga*
gh	*ghra > ggha*
c	*cya > ccya*
ch	*chra > ccha*
j	*jña > ṇṇa (Mg. > ñña); jya, jra, jva > jja*
ṭ	*ṭka > kka; ṭca > cca; ṭta > tta; ṭp > pp; ṭpa> ppa; ṭpha > ppha; ṭya > ṭṭa*
ḍ	*ḍga > gga; ḍja > jja; ḍda > dda; ḍbha > bbha; ḍya > ḍḍa; ḍva > vva*
ḍh	*ḍhya > ḍḍha;*
ṇ	*ṇya > ṇṇa* (Mg. *auch >ñña); ṇva > ṇṇa;*
t	*tka > kka; tkha > kkha; tna > tta; tpa > ppa; tpha > ppha; tya > cca; tra > tta; tva > tta; tśa > ssa, sa* (Mg. > *śa*)*; tsa > ccha, ssa, sa* (Mg. > *śca, śa*)
th	*thya > ccha*
d	*dga > gga; dgha > ggha; dba > bbha; dbha > bbha; dya > jja* (Mg. > *yya*)*; dra > dda; dva > dda oder vva*
dh	*dhya > jjha* (Mg. > *yyha*)*; dhra, dhva > ddha*
n	*nma > mma; nya, nva > nna*
p	*pta > tta; pya, pra, pla > ppa; psa > ccha*
b	*bja > jja; bda > dda; bdha > ddha; bra > bba*
bh	*bhva, bhra > bbha*
m	*mna > nna; mya, mra, mla > mma*
y	*yya > jja*

2.2.1 Lautwandel im Wortanlaut

Die meisten einfachen Anlaute bleiben unverändert. Aber eben nur die meisten; Ausnahmen gibt es schon hier. So wird vielfach, besonders in der Mg., *n* zu *ṇ*. Den anlautenden Nasal schreiben die Jainas als Dental, die Brahmanen als Retroflex. – In der Ś. kommt der Gleitlaut *y* nicht mehr vor; im Anlaut ist er durch das palatale *j* ersetzt. So verfahren auch die AMg. (aus *yoga* wird *joga*) und die Mh. (aus *yatna* „Mühe" wird *jatta*). In der Mg. findet dieser Wandel jedoch nicht statt.

ś und *ṣ* werden gewöhnlich zum dentalen *s*. Auch hier macht die Mg. eine signifikante Ausnahme: die Sibilanten werden zum palatalen *ś*.

In der Mh. verliert initiales *bh* den labialen Verschluss: Aus Skt. *bhavati* wird *hoi*; aus Skt. *bhaviṣyati* wird *havissai*. Dagegen behält die Śaurasenī den Verschluss bei; hier wird *bhavati* zu *bhodi*.

Anlautendes *ṛ* wird in Ś., AMg. und Mh. gewöhnlich zu *ri*: *ṛṣi* „Weiser" wird in Ś. und Mh. zu *risi*; *ṛddhi* „Erfolg, Gelingen" wird in der AMg. zu *riddhi*; *ṛna* „Schuld" wird in der Mh. zu *rina*. In der Ś. ist aber auch der Ersatz des *ṛ* durch *u* möglich: aus Skt. *ṛju* „aufrecht, gerade" wird *ujju*. – Zur Behandlung des *ṛ* im Inlaut s. Abschnitt 2.2.7.

In Ś. und Mg. wird anlautender stimmloser Dental meist stimmhaft. Beispiele: *tavat* wird zu *dava* und *te* wird zu *de*; manchmal wird *tu* zu *du*.

In der Mh. und der Mg. wird ein anlautender retroflexer Sibilant zu *ch*. Also wird *ṣaṣ* „sechs" zu *cha*.

Mitunter tritt an die Stelle eines anlautenden Dentals ein Palatal. So wird in der Mg. Skt. *tiṣṭhati* „er, sie, es steht" zu *ciṣṭhadi*, in der Ś. zu *ciṭṭhadi*. Umgekehrt werden manchmal anlautende Palatale zu Dentalen. In der AMg. wird *cikitsaka* „Arzt" zu *tigicchaga*.

In der AMg. werden *ś* und *ṣ* zu dentalem *s*. Also wird Skt. *śiśu* „Kind" zu *sisu*, *śeṣa* „Rest" wird zu *sesa*.

Bei den Liquiden wird in der Mg. *r* zu *l*; so wird *rudhira* „Blut" zu *luhila*.

Sehr wichtig ist, dass im Anlaut nur ein einzelner Konsonant stehen kann. So wird in der Mh. *prayukta* „verwendet" zu *pautta* (wobei *a* und *u* auf zwei Silben verteilt zu sprechen sind). In der AMg. wird *prabha* „Glanz" zu *paha*; *krama* „Schritt" wird zu *kama*. In der Ś. wird *snapita* „gebadet" zu *navia*. Auch hier gibt es wieder eine Ausnahme: *nh*, *ṇh* und *lh* werden am Wortanfang geduldet. So wird *snāna* „Bad" in der Ś. zu *ṇhāṇa*.

Enklitika stoßen oft den Anlaut ab. So wird *kiṁ punar* in der Mg, Mh. und Ś. zu *kim uṇa*. In der AMg. wirft *ca* „und, auch" manchmal das *c* ab. In der Ś. und der

Mg. wird Skt. *atha kim* zu *adha iṁ*. Häufige Beispiele für den Verlust der Anlautvokale bei Enklitika: *api* „auch, sogar" wird nach Anusvāra zu *pi*, nach Vokal zu *vi*; *iti* „so" wird nach Anusvāra zu *ti*, nach kurzem Vokal zu *tti* (AMg., Ś.); *punar* in der Bedeutung „aber" wird in der Ś. zu *uṇa*.

Da der erste Konsonant einer Konsonantenverbindung im Anlaut abgeworfen wird, kann im Anlaut keine Ligatur stehen. In der Mg. und Ś. wird so aus Skt. *śmaśāna* „Friedhof" *masāṇa*. Gelegentlich findet auch Prothesis statt: ein Konsonant oder Vokal wird im Anlaut hinzugefügt. So wird in der AMg. aus Skt. *strī* „Frau" *itthī*, und aus *ukta* „gesprochen" wird *vutta*. Selten wird ein anlautender Konsonant aspiriert: in der AMg. wird *gṛha* „Haus" zu *ghara*.

Anlautendes *a* fällt in der 1. und 2. Pers. Sg. Präs. der Wurzel *as* „sein" (lat. *esse*) ab, wenn die Formen enklitisch gebraucht werden. Mh., JM., Ś. und Mg. haben *mhi* und *si* (Mg. *śi*).

2.2.2 Lautwandel im Wortauslaut

Von eminenter Bedeutung ist die Feststellung, dass im Auslaut nur ein Vokal oder Anusvāra stehen darf. Zur Vermeidung eines konsonantischen Auslauts kann Elision gebraucht werden. In der Mh. wird Skt. *paścāt* „hinter" zu *pacchā* und Skt. *punar* „wieder" zu *puṇa*. In der AMg. wird Skt. *śiras* „Kopf" zu *sira*. Es kann aber auch ein *a* angehängt werden; so wird Skt. *marut* „Wind" in der AMg. zu *marua*. Auslautendes *m* oder *n* wird zu Anusvāra: In der Mg. wird *ayam* „dieser" zu *ayaṁ*; in der AMg. wird *asmin* „darin" zu *assiṁ*.

Eine Besonderheit bietet auslautendes *-aḥ*. In der Ś. wird es zu *-o*; also wird Skt. *agrataḥ* „vorn; zuerst" zu *aggato*. Folgende Beispiele betreffen die AMg.: *punaḥ* „wieder" wird zu *puno*; *daśāḥ* „die zehn" wird zu *dasāo*. In der Mh. wird *rāgaḥ* „rote Farbe; Liebe" zu *rāo*. Unter Berücksichtigung der Konsonantenelision (darüber mehr in Abschnitt 2.2.3) wird aus *āgataḥ* (angekommen) *āao*. Eine deutliche Sonderstellung nimmt wieder die Mg. ein. Hier wird *-aḥ* zu *-e*: aus Skt. *saḥ* „er" wird *se*, aus *puruṣaḥ* „Mensch" wird *pulise*.

Bei einer direkten Anrede im Vokativ kann der auslautende Vokal verlängert werden: *Saddāliputtā* „o Saddāliputta" (AMg.).

2.2.3 Lautwandel im Inlaut

Im Vergleich zur Behandlung der An- und Auslaute ist der Lautwandel im Inlaut viel rigoroser. Die phonologischen Veränderungen sind hier häufig so stark, dass das Skt. tatsächlich nur noch wie ein Schatten (*chāyā*) durchschimmert. Begonnen wird mit der (noch überschaubaren) Abwandlung der Vokale.

Ein kurzer Vokal wird vor Anusvāra gelängt. So wird aus *siṁha* „Löwe" in der AMg. *sīha*. Weiteres zur Dehnung von Vokalen s. Abschnitt 2.2.6.

Gelegentlich findet ein Wechsel von Vokal zu Vokal statt. Aus *i* kann *e* werden: *īdṛśa* „solch (ein)" wird zu *erisa*. Aus *u* kann *i* werden: *puruṣa* „Mensch" wird zu *purisa*. Vor Doppelkonsonanten kann *u* zu *o* werden; aus *puṣkara* „Lotusblüte" wird *pokkara*, aus *pustaka* „Buch" wird *pothaa*. Alle diese Beispiele stammen aus der Śaurasenī.

Stärker als die Vokale sind die Konsonanten von phonologischem Wandel betroffen. In der Ś. erfolgt intervokalischer Schwund von *k*, *g*, *c*, *j* und *y*. So wird aus *loka* „Welt" *loa*; aus *viyoga* „Trennung" wird das nur noch schwer erkennbare *vioa*; aus *priya* „lieb" wird *pia*. In der Mg. ist die Elision intervokalischer Konsonanten nicht ganz so weit fortgeschritten wie in der Mh. (darüber gleich mehr); die Palatale und *d* bleiben meist erhalten.

Am radikalsten sind die Schwunderscheinungen in der Mh. Hier werden die Skt.-Wörter mitunter bis zur Unkenntlichkeit verändert. Alle intervokalischen, nicht aspirierten Verschlusslaute mit Ausnahme der Labiale fallen aus, also, *k*, *g*, *c*, *j*, *t*, *d*. Erhalten bleiben nur *n*, *m*, *r*, *l*, *v*, *s*, *h* (in der Jaina-Literatur kann auch das *t* erhalten bleiben). So wird aus Skt. *udaka* „Wasser" *uaa*; aus *śata* „hundert" wird *saa* und aus *nagara* „Stadt" wird *naara*. Durch diese umfangreichen Schwunderscheinungen entfernt sich die Mh. stärker als andere Prākṛt-Sprachen vom Sanskrit. Die durch den Schwund bewirkten Vokalhäufungen (man wird an die polynesischen Sprachen erinnert) verleihen der Mh. einen Wohlklang, den das Skt. nicht hat.

In der Mh. fallen ferner labiale Verschlusslaute und *v* meist aus. Beispiele: Skt. *vipula* „weit, ausgedehnt, umfangreich" wird zu *viula*; *āryaputra* (ein Ehrentitel) wird zu *ajjautta*; *nipuna* „geschickt, gewandt" wird zu *niuna*.

Treffen im Wortinneren zwei Konsonanten aufeinander, erfolgt eine Assimilation (s. hierzu Abschnitt 2.2.12).

In der AMg. wird häufig ein stimmloser in einen stimmhaften Konsonanten verwandelt. So wird *eka* „eins" zu *ega*; *upāsaka* „(buddhistischer und jinistischer) Laienanhänger" wird zu *uvāsaga*.

In der Ś. bleibt von *kh*, *gh*, *dh* und *bh* nur die Aspiration erhalten.Beispiele: Skt. *mukha* „Mund, Antlitz" wird *muha*; *megha* „Wolke" wird *meha*; *madhu* „Honig" wird *mahu*. Ähnlich verfährt die AMg. Beispiele (die Beispiele aus der Ś. gelten auch hier): *lekha* „Brief" wird *leha*; *laghu* „leicht; gering" wird *lahu*; *kathā* „Erzählung" wird *kahā*; *lābha* „Gewinn" wird *lāha*. Nur *ph* wird selten auf *h* reduziert. – In gleicher Weise verfährt die Mh. (es gelten die genannten Beispiele).

In der AMg. fallen mediale Konsonanten, nämlich *k*, *g*, *c*, *j*, *t* und *d* vielfach (aber nicht immer) aus; oft werden sie durch *y* ersetzt. Beispiele für *k*: *naraka* „Hölle" wird zu *ṇaraya*; *g*: *nagara* „Stadt" wird zu *nayara*; *c*: *vacana* „Rede" wird zu *vayaṇa*; *j*: *gaja* „Elefant" wird zu *gaya*; *t*: *ativa* „übermäßig" wird zu *aiva*; *d*: *pada* „Fuß" wird zu *paya*.

Sprachgeschichtlich wurden die elidierten Konsonanten zunächst stimmhaft. Dieser Prozess hielt an, bis sie schließlich zum Gleitlaut wurden oder ausfielen.

Für die Śaurasenī typisch ist die Umwandlung von *t* in *d*. Beispiele: Skt. *bhavati* „er, sie, es ist" wird zu *bhodi*; *gata* „gegangen" wird zu *gada*; *tataḥ* „danach; von dort" wird zu *tado*; *yathā* „wie" wird zu *jadhā*; *Śakuntalā* wird zu *Saundalā* (wobei *au* kein Diphthong ist).

In der Ś. wird ein Dental manchmal

a) zum Palatal: Skt. *tiṣṭhati* „er, sie, es steht" wird zu *ciṭṭhadi*;
b) zum Retroflex: *prathama* „erster" wird zu *paḍhama*.

In der AMg. wird *ṭ* zu *ḍ*: *bhaṭa* „Soldat" wird zu *bhaḍa*. Oft wird in der AMg. *ḍ* zu *l*; so wird *ṣoḍaśan* „sechzehn" zu *solasa* (die AMg. hat nur dentales *s*).

In der Mh. werden Dentale zu Retroflexen, wenn ein *r* vorausgeht. So wird das wichtige Skt.-Präfix *prati* zu *paḍi*.

In der Ś. werden *p* und *b* häufig zu *v*: *pāpena* „durch die Sünde" wird *pāveṇa*. Gleiches trifft auch auf die AMg. zu: *kabala* „Bissen" wird zu *kavala*; *kopa* „Zorn" zu *kova*; *rūpa* „Gestalt" zu *rūva*. Ebenso verhält es sich in der Mh: *nṛpa* „König" wird zu *ṇiva*.

In der AMg. wechseln nicht selten *l* und *r*: aus *caraṇa* „Fuß" wird *calaṇa*; aus *kila* „freilich, gewiss" wird *kira*. Dabei ist der Wechsel von *r* zu *l* häufiger als der von *l* zu *r*.

Ebenfalls in der AMg. bleibt mediales *y* vor *a* und *ā*; sonst schwindet es: aus *vāyu* „Wind" wird *vāu*.

Von den drei Sibilanten des Skt. ist in der Ś. – wie schon im Pāli – und in der AMg. nur das dentale *s* geblieben: aus *keśeṣu* „in den Haaren" wird *kesesu*. In der Mg. hat sich nur das palatale *ś* erhalten.

Das silbische *ṛ* (s. dazu auch Abschnitt 2.2.1) ist im Lautbestand der Prākṛts nicht mehr enthalten, verschwindet aber nicht gänzlich, sondern verwandelt sich in einen Vokal, meist ein *a*. Beispiele aus der Mg.: *kṛta* „getan" wird zu *kada*; Verwandlung in ein *i*: *ghṛta* „Butterschmalz" wird zu *ghida*; *śṛgāla* „Schakal" wird zu *śiāla*. In der Mg. kann *ṛ* auch zu *u* werden; so wird *pṛcchati* „er, sie, es fragt" zu *puścadi* und *pṛthvī* „Erde" wird zu *puhavī*. Sogar *e* kann an die Stelle des *ṛ* treten:

gṛha „Haus“ wird in der Mg. zu *gehya*. Es ist also unmöglich, hier (wie so oft) feste Regeln aufzustellen.

Die Diphthonge *ai* und *au* existieren nicht mehr und erscheinen meist umgeformt: *ai* wird zu *e*; *au* wird zu *o*. Beispiele aus der Mh.: *vaidya* „Arzt“ wird *vejja*; aus *kaumudī* „Mondschein“ wird *komuī*; aus der Ś.: *auṣadha* „Arznei“ wird zu *osaha*; aus der AMg.: aus *bhairava* „grausig“ wird *bherava*; aus *Gautama* wird *Gotama*; aus der Mg.: *vaira* „Feindschaft“ wird zu *vera*; *śaila* „Fels, Berg“ wird zu *śela*; *paura* „Städter“ wird zu *pola*. Vereinzelt bleibt in der Mh. das *ai* erhalten; so steht *vaira* neben *vera*.

Der Visarga gehört nicht mehr zum Lautbestand der Prākṛts, ist aber nicht ohne Einfluss geblieben. Im Wortinneren bewirkt er die Verdopplung eines folgenden stimmlosen Konsonanten. So wird *duḥkha* „Leiden, Übel“ zu *dukkha* (AMg.). In der Mg. werden *ḥś*, *ḥṣ*, *ḥs* zu *śś*: aus *Duḥṣanta* (Eigenname) wird *Duśśanta*.

2.2.4. Lautwandel in Konsonantengruppen

Bleiben die Veränderungen einzelner Konsonanten wenigstens teilweise noch nachvollziehbar, so wirken die phonologischen Prozesse auf Konsonantenverbindungen – in der Schrift durch Ligaturen dargestellt – in einer Weise ein, dass eine ausgewogene Darstellung fast unmöglich wird. Die Abwandlung der Konsonantengruppen besteht meist darin, dass ihre Bestandteile aneinander angepasst werden. Dies wird hauptsächlich durch die Assimilation erreicht; s. dazu Abschnitt 2.2.12. Eine gewisse, wenn auch begrenzte Hilfe bietet die die in Abschnitt 2.2.1 abgedruckte Tabelle. Die Möglichkeiten des Lautwandels sind bei Konsonantenverbindungen jedoch so vielfältig, dass nur nochmals angeraten werden kann, sich zu jedem Lemma die Skt.-*chāyā* einzuprägen. Hier sollen zunächst einige häufige Verbindungen erörtert werden.

Das besonders häufige *kṣ* wird in der AMg. zu *kkh* (selten zu *ch*, *cch*). Also wird *mokṣa* „Erlösung“ zu *mokkha* und aus *bhikṣu* „Bettelmönch“ wird *bhikkhu*. In der Mg. wird *kṣ* ebenfalls zu *kkh*: aus *akṣi* „Auge“ wird *akkhi*. Doch es gibt Ausnahmen: so wird *pakṣa* „Flügel; Partei“ zu *paśka*.

n und *ṇ* werden in Konsonantenverbindungen in der Mg. zum palatalen Nasal. So mutiert *kanyakā* „Mädchen“ zu *kaññakā*; aus *puṇya* „Tugend“ wird *puñña*. Die Gruppen *jñ*, *ñj*, *ṇy* und *ny* werden sämtlich zu *ññ*.

In der AMg. werden Dentale in der Verbindung mit *y* zu Palatalen: das häufige *satya* „wahr“ wird zu *sacca*, aus *adya* „heute“ wird *ajja*, und *madhya* „mittlerer“ wird zu *majjha*.

Bei den Liquiden sind in der Mg. folgende Veränderungen bemerkenswert: Aus *rj* wird *yy*; also wird *durjana* „Übeltäter“ zu *duyyana*. Besonders irritierend ist, dass in der Mg. *rth* zu *śt* wird: so wird *tīrtha* „Furt“ zu *tiśta* und *artha* „Nutzen, Zweck“ zu *aśta*. In manchen Subdialekten ist das dentale *s* erhalten geblieben: *asta*.

Bei den Sibilanten bleibt in der Mg. das *śc* erhalten: *niścala* „unbeweglich“ wird nur im Anlaut verändert, zu *ṇiścala*. Die Verbindungen *śy*, *śr*, *śt* und *sv* werden in der Mg. alle zu *śś*. Beispiele: aus *miśra* „gemischt“ wird *miśśa*; aus *rahasya* „Geheimnis“ wird *lahaśśa*; aus *tasya* „dessen“ wird *taśśa,* und aus *tapasvin* „Büßer“ wird *tavaśśi*.

In der Mg. wird die Gruppe *ṣṇ* durch Umstellung zu *ṇś*. So wird der Göttername *Viṣṇu* zu *Viṇśu*. – *ts* wird zu *śc*: *vatsala* „liebevoll“ wird zu *vaścala*. – *st* mutiert zu *tth*: aus *hastin* „Elefant“ wird *hatthi*.

Mitunter wird eine Konsonantengruppe auch durch einen Vokaleinschub, oft ein *i*, aufgelockert. Diesen Prozess bezeichnet man als *svarabhakti* (mehr darüber in Abschnitt 2.2.9). Beispielsweise wird in der AMg. aus *śrī* „Pracht“ *siri*.

2.2.5. Dehnung kurzer Vokale

Ein kurzer Vokal wird manchmal gedehnt, besonders dann, wenn er vor *r* und einem weiteren Konsonanten steht. In der Ś. wird *kartum* „tun“ (Infinitiv) zu *kāduṁ*; aus *kartavya* „zu tun“ wird *kādavva*. Eine Dehnung setzt auch ein, wenn ein Sibilant vor *ya* steht. In der Mh. wird *naśyati* „er, sie, es verdirbt“ zu *ṇāsai*; in der JM. wird *paśyati* „er, sie, es sieht“ zu *pāsai*; in der AMg. wird *śiṣya* „Schüler“ zu *sīsa*. Steht ein Sibilant vor *ra*, so ergibt sich ebenfalls eine Dehnung: in der Mh. wird aus *miśra* „gemischt“ *mīsa*. Ähnlich läuft es ab, wenn der Sibilant auf *va* trifft. In der JM. wird *aśva* „Pferd“ zu *āsa*. Daneben kommt aber auch die Form *assa* vor. Diese (in den Prākṛts so häufige) Regellosigkeit kann auch dialektal bedingt sein.

Gelegentlich erfolgt eine Vokaldehnung auch ohne die genannten Voraussetzungen. So wird in der Ś. *utsava* „Fest“ zu *ūsaha*. An die Stelle der Dehnung kann auch eine Nasalierung treten, die die Form undurchsichtig macht: aus *sparśa* „Berührung“ wird *phaṁsa*, und das häufige *darśana* „Blick; Ansicht“ wird *daṁsaṇa*.

In der AMg. wird vor enklitischem *eva* das *a* eines vorhergehenden Auslauts *-am* oft gedehnt: aus *kṣipram eva* „nur schnell“ wird *khippām eva*.

Vielfach werden kurze Vokale aus metrischen Gründen gedehnt; dies gilt besonders für die AMg. Oft betrifft es die Endung *-i* in der 3. Pers. Sg. Präs. der Verben, doch gehört dieser Vorgang nicht in die Grammatik, sondern in die Poetik.

Wie schon in Abschnitt 2.2.2 bemerkt, werden auslautende Vokale im Vok. Sg. oft gedehnt: *he harī* „o Hari!“

2.2.6 Kürzung langer Vokale

Lange Vokale werden sehr häufig gekürzt, und zwar in allen Prākṛt-Sprachen. In der AMg., in der Mh. und in der Ś. werden lange Vokale vor Konsonantengruppen gekürzt: aus *rājya* „Königreich" wird so *rajja*. Weitere häufige Beispiele, etwa aus der Mh., sind *sūtra* „Faden, Leitfaden", das zu *sutta* wird, sowie in der Mh. und der AMg. *gātra* „Körper, Glied", das *gatta* ergibt. In der Ś. (aber nicht in der Mg.) wird *īśvara* „Hochgott" zu *issara*.

Es gilt also der Satz, dass ein langer Vokal in geschlossener Silbe gekürzt wird: *kāvya* „Gedicht, Dichtwerk" wird in der Mh. zu *kavva*. Ähnlich wird *kūrma* „Schildkröte" in der Mh. und der AMg. zu *kumma*, und in der Ś. wird *mūlya* „Preis" zu *mulla*. Die Kürzung eines langen Vokals in geschlossener Silbe kann man bis ins Pāli zurückverfolgen. Hier folgen noch weitere Beispiele aus der Ś.: *grīṣma* „Sommer" wird zu *gimha*, und das häufige *pūrva* „ehemalig, früher" wird zu *puvva*. In der Mg. wird *śrānta* „müde" zu *śanta* gekürzt.

In der Ś. und in der AMg. werden lange Vokale auch vor einem Anusvāra gekürzt. So wird Skt. *māṁsa* „Fleisch" zu *maṁsa*.

Vor Konsonantenverbindungen werden auch *e* und *o* gekürzt. Hierzu sei nochmals bemerkt, dass diese beiden Vokale im Sanskrit immer lang sind (also eigentlich *ē* und *ō*), während sie in den Prākṛts lang oder auch kurz sein können. In der AMg. und in der Ś. wird also *mleccha* „Barbar" (mit langem *ē*) zu *meccha* (mit kurzem *ĕ*).

Es gibt darüber hinaus Fälle, wo Kürzungen auch ohne die genannten Bedingungen auftreten, etwa aus Gründen der Betonung.

Zur Veränderung von Vokalen s. des Weiteren die Abschnitte 2.2.3 und 2.2.7.

2.2.7 Sonstige Veränderungen einzelner Vokale

Im Inlaut kann sich das silbische *ṛ* in *a*, *i* oder *u* verwandeln;[4] feste Regeln gibt es dabei nicht. Hier folgen zunächst einige Beispiele aus der Śaurasenī. Verwandlung des *ṛ* in *a*: *tṛṇa* „Gras" wird zu *taṇa*; aus *kṛta* „getan" wird *kada*. Verwandlung in *i*: *ghṛta* „Butterschmalz" wird zu *ghida*. Verwandlung in *u*: Diese kommt besonders nach Labialen vor. So wird *pṛcchati* „er, sie, es fragt" zu *pucchadi*. Die folgenden Beispiele stammen aus der Mh. Verwandlung in *a*: *kṛta* „getan" wird zu *kaya*; *tṛṣṇā* „Durst; Begierde" wird zu *taṇhā*. Verwandlung in *i*: *hṛdaya* „Herz" wird zu *hiyaya* und *nṛpa* „König" zu *ṇiva*. Verwandlung in *u*: *pṛthivī* „Erde" wird zu *pudhavī* und aus *vṛkṣa* „Baum" wird *rukkha*.

[4] Zur Behandlung des silbischen *ṛ* im Anlaut s. Abschnitt 2.2.1.

Verbreitet – aber nicht durch Regeln fixiert – ist die Umwandlung von *a* in *i*. Diesen Prozess findet man schon im Pāli; erinnert sei an die Sammlung von „Lehrreden von mittlerer Länge" (*Majjhimanikāya*). So wird auch in der Mh. *madhyama* „mittlerer" zu *majjhima* (ebenso in der AMg.). In der AMg., der JM. und der JŚ. findet sich die Abwandlung von *carama* „letzter, unterster" zu *carima*. Ein Beispiel aus der Mh. und der Mg. ist die Veränderung von *kṛpaṇa* „elend" zu *kiviṇa*. In der AMg. mutiert Skt. *aṅgāra* „Kohle" zu *iṇgāla*. Umgekehrt erscheint manchmal (Mh., AMg., JM.) für das zweite *i* in *iti* „so" ein *a* (also *ita*),[5] wenn dieses selbständig am Anfang eines Satzes steht.

Selten wird *a* zu *u*. So ändern Komposita auf *-jña* dies mitunter in *-ṇṇu* oder *-nnu*. Beispiele aus der AMg.: *doṣajña* „die Fehler kennend" wird zu *dosannu* und aus *vijña* „kundig, wissend" wird *vinnu*; in der Mh. wird *sarvajña* „allwissend" zu *savvaṇṇu*. Auch *i* wird zuweilen zu *u*, besonders in der AMg., in der Mh. und in der JM. Beispiele sind *ikṣu* „Zuckerrohr", das zu *ucchu* wird, und aus *iṣu* „Pfeil" wird *usu*.

Selten wird vor und hinter Labialen *a* zu *u*. So kann *prathama* „erster" zu *puḍhama* werden; häufiger ist aber die Form *paḍhama*. Ein Beispiel aus der AMg. ist *karmaṇā* „durch die Tat", das zu *kammuṇā* wird. Umgekehrt kann auch *u* zu *a* werden: in der Mh., Ś. und AMg. erscheint *mukula* „Knospe" als *maūla*.

Nicht selten ist die Umwandlung des *u* in *i*; so wird *puruṣa* „Mensch" in den meisten Prākṛts zu *purisa*. Nur die Mg. hat aufgrund ihrer eigenen Lautgesetze die Form *puliśa*.

Es sei noch kurz auf einige Besonderheiten hingewiesen. In der Mh. und der AMg. wird mitunter *a* zu *e*; so in *śayyā* „Lager, Bett", das zu *sejjā* wird. Das lange *ī* wurde schon in Aśoka-Inschriften zu *e*. In Ś., Mh. und AMg. wird *īdṛśa*, *īdṛkṣa* „solch, derartig" zu *erisa*. *ī* wird hingegen nicht zu *a*, wie manche Grammatiker meinten.

2.2.8 Ausfall von Vokalen

Nicht selten erfolgt ein Ausfall anlautender Vokale,[6] zumal wenn diese unbetont sind. Dieser Prozess betrifft vorwiegend die AMg.; daher sind aus dieser die folgenden Beispiele entnommen: *udaka* „Wasser" wird zu *daga* (diese Kürzung erfolgt aber nicht gesetzmäßig, denn neben *daga* hat die AMg. auch *udaga* beibehalten). *upānahau* „Schuhpaar" wird zu *pāṇahāo*. In der AMg., aber auch in der JM. und der JŚ. wird *upavasatha* „Fastentag" zu *posaha*. Für die AMg. typisch

---

[5] Die lautliche Übereinstimmung mit lateinisch *ita* ist in dieser Hinsicht zufällig.

[6] Zum Ausfall anlautender Vokale s. bereits Abschnitt 2.2.1.

sind die folgenden beiden Beispiele: *alābū* „Flaschengurke“ wird zu *lāū* und aus *agāra* „Haus“ wird *gāra*.

Auch in der Mh. können anlautende Vokale ausfallen. So reduziert sich *araṇya* „Wald“ auf *raṇṇa*. Aus *api* „auch“ wird nach einem Anusvāra *pi*, nach einem Vokal *vi*. *iti* „so“ (Kennzeichen des Endes einer direkten Rede) wird nach einem Anusvāra auf *ti* reduziert; nach einem Vokal wird es zu *tti* umgeformt. In der Ś. und der Mg. wirft *idānīm* das anlautende *i* ab, wenn das Wort enklitisch gebraucht wird; es wird dann zu *dāṇiṁ*. Ist das Wort jedoch betont mit der Bedeutung „jetzt”, dann bleibt das initiale *i* erhalten.

Ähnlichen Veränderungen ist auch das häufige *iva* „wie, gleichsam“ unterworfen. In der Mh., der AMg. und der JM. wird es nach Anusvāra und kurzen Vokalen zu *va* reduziert, nach langen Vokalen hingegen zu *vva* umgestaltet.

Wie bereits weiter oben bemerkt, wird in der 1. und 2. Pers. Sg. Präs. des Verbs *as* „sein“ das anlautende *a* abgeworfen, wenn die Form enklitisch gebraucht wird. Somit haben Mh. und Ś. die Formen *mhi* und *si* (Mg. *śi*).

2.2.9 Hinzufügung von Vokalen (Svarabhakti)

Eine Hinzufügung von Vokalen ist ziemlich selten. Verbreitet ist zunächst nur eine Prothese, d. h. die Voranstellung eines Vokals vor anlautenden Konsonantenverbindungen. So wird aus *strī* „Frau“ oft *itthī*. Darüber hinaus trifft man häufiger auf einen Vorgang, der in der allgemeinen Sprachwissenschaft als Epenthese, mitunter auch als Anaptyxe bezeichnet wird und der den Einschub von Vokalen zur Auflockerung von Konsonantengruppen betrifft, wo diese nicht durch einfache Assimilation „geglättet“ werden.[7] In der Indologie haben sich diese Termini jedoch nicht durchgesetzt; man verwendet hier eher den Skt.-Begriff *svarabhakti* („Lauttrennung“).

Die Svarabhakti tritt in allen Prākṛt-Sprachen in Erscheinung; in der Śaurasenī ist sie häufiger im Gebrauch als im Skt. Der Modus operandi besteht darin, dass zwischen zwei Konsonanten ein Vokal eingeschoben wird. Dies kann ein *a*, ein *i* oder auch ein *u* sein. Meist ist es ein *i*, vor einem Gleitlaut oder Labial oft ein *u*. Svarabhakti tritt besonders dann ein, wenn einer der beiden Konsonanten ein Nasal oder ein Gleitlaut ist. Die folgenden Beispiele zeigen, wie die einzelnen Prākṛt-Sprachen von der Svarabhakti Gebrauch machen.

Skt. *ratna* „Juwel“ erscheint in der Mh. als *raaṇa*, in der Ś. als *radaṇa* und in der Mg. als *ladaṇa*. Mh. und Ś. stimmen überein in Skt. *ślāghā* „Prahlerei; Ruhm“, das zu *salāhā* wird; *varṣa* „Regen; Jahr“ wird zu *varisa*; *harṣa* „Freude“ wird zu *harisa*; *klānta* „müde“ wird zu *kilanta*; *mlāna* „verwelkt“ wird zu *milāṇa*; *āmarṣa*

---

[7] S. dazu weiter unten Abschnitt 2.2.12.

„Berührung" wird zu *āmarisa*; *dvāra* „Tür" wird zu *duvāra*; *śvaḥ* „morgen" wird zu *suvo*, und aus *padma* „Lotusblüte, Wasserrose" wird *paüma* (das Trema zeigt an, dass es sich hier nicht um einen Diphthong handelt). Auf die Ś. beschränkt ist die Form *sumaradi* aus Skt. *smarati* „er, sie, es erinnert sich"; ferner wird Skt. *sneha* „Liebe" zu *sineha* und *glāna* „matt" zu *gilāṇa*.

Die AMg. verwendet meist das *i* als Svarabhakti-Vokal. So wird *kṛṣṇa* „schwarz" zu *kasiṇa* und *śloka* „Vers" mutiert zu *siloga*.

Wie so oft, geht die Mg. wieder eigene Wege; dazu die folgenden Beispiele. Einfügung von *a*: *ratna* wird zu *laḍana*; Einfügung von *i*: *koṣṇa* „lauwarm" wird zu *kośiṇa*; Einfügung von *u*: *padma* wird zu *paduma*, und *dvāra* mutiert zu *duvāla*.

Welcher Svarabhakti-Vokal jeweils verwendet wird, dafür gibt es – wie so oft in den Prākṛts – keine feste Regel.

Eine besondere Konstellation ergibt sich in der Ś., wenn ein *y* in der ursprünglichen Konsonantengruppe enthalten war. Svarabhakti zeigt sich hier etwa bei *āścarya* „Wunder" (dreisilbig), das zu viersilbigem *accharia* wird, wobei die Schreibung mit *-ia* (statt *-iya* – in der Ś. ist das *y* geschwunden) den Vorgang verdunkelt. Wenn die Verbindung *ry* durch Wegfall des *y* vereinfacht wird, erscheint ein vorhergehendes *a* zu *e* abgewandelt: so wird in der Mh., der Ś. und der AMg. *paryanta* „Grenze, Rand" zu *peranta*. Mitunter wird speziell dieser Vorgang als Epenthese bezeichnet.

2.2.10 Saṁprasāraṇa

Aus dem Skt. ist ein Vorgang bekannt, bei dem *-ya-* zu *-i-* und *-va-* zu *-u-* reduziert wird (das sog. *samprasāraṇa*). In den Prākṛts ist dieser Prozess häufiger als im Skt., läuft meist aber etwas modifiziert ab. Es wird nämlich *-aya-* zu *-e-* und *-ava-* zu *-o-*. Das gilt besonders für die Mh. und die Ś. So wird in der Mh. *lavaṇa* „Salz" zu *loṇa*. Einige Beispiele aus der Ś. mögen dies verdeutlichen: Der Imperativ *nayatu* „er, sie, es soll führen" wird zu *nedu*; *avatāra* „Herabkunft; Inkarnation" mutiert zu *odāra*. Das überaus häufig vorkommende *bhavati* „er, sie, es ist, wird" wird zu *bhodi*; aus *kathayatu* „er, sie, es soll erzählen" wird (schwer zu durchschauen, aber lautgesetzlich nachvollziehbar) *kadhedu*.

Auch die AMg. kennt die Umformung von *-aya-* zu *-e-* und von *-ava-* zu *-o-*: hier wird *kathayati* „er, sie, es erzählt" zu *kahei*. Das Beispiel von *lavaṇa*, das zu *loṇa* wird, gilt auch hier; *layana* „Ruhestätte" verwandelt sich in der AMg. in *leṇa*. In der AMg, aber auch in der Mh., wird *sthāpayati* „hemmen; festsetzen" zu *ṭhavei*. Ähnlich wird mit *-ava-* verfahren: Die AMg. ändert *avamāna* „Verachtung" zu *omāna*, und AMg. und Mh. transformieren *avadhi* „Grenzpunkt; Termin" in *ohi*.

Neben diesen Veränderungen kommt aber auch das für Sanskrit typische Saṁprasāraṇa vor. So verwandelt die AMg. *svapna* „Schlaf, Traum" in *suvina* (mit sekundärem Svarabhakti-*i*). Auch die Ś. geht gelegentlich wie im Skt. vor: aus *tvarita* „Eile" wird *turida*. Die Mg. verfährt unter Beibehaltung ihrer typischen Lautgesetze ebenso: hier entsteht die Form *tulida*.

2.2.11 Vokalischer Sandhi

Bekanntlich wird das Sanskrit von einer Fülle euphonischer Regeln beherrscht, die man unter dem Begriff *sandhi*[8] zusammenfasst. Somit erhebt sich die Frage, welche Rolle die Sandhi-Gesetze in den Prākṛts spielen. Diese Rolle ist hier in der Tat nur noch eine marginale – eine große Erleichterung gegenüber dem Studium des Skt. mit seinen fast zahllosen, peinlich genau zu beachtenden Regeln. Aufgrund des in den Prākṛts zu beobachtenden Lautwandels sind hier fast alle *Sandhi*-Gesetze hinfällig. Die Gründe dafür sind die folgenden:

1. Ein Hiatus ist im Skt. verpönt, in den Prākṛts jedoch zugelassen.
2. Wie schon oben dargelegt, können Prākṛt-Wörter nur auf Vokal oder Anusvāra enden.
3. Den im Skt. so viele Schwierigkeiten verursachenden Visarga gibt es nicht mehr.

Dennoch ist Sandhi immerhin noch in Resten vorhanden, von denen einige hier betrachtet werden sollen. Erwähnenswert sind die Kontraktionen mit der Negationspartikel *na*. Oft verschmilzt diese – so in der Ś. und in der Mg. – mit einem Anlautvokal. So wird *nāsti* „er, sie, es ist nicht" zu *ṇatthi*, und aus *nāham* „ich nicht" wird *ṇāhaṁ*. Ähnlich wird in der AMg. *ca api* „und auch" zu *cāvi* kontrahiert.

Treffen *a* oder *ā* auf einen Nicht-*a*-Vokal (also *i* oder *u*), so kann der betreffende *guṇa*-Vokal entstehen. Hier schlägt die Skt.-Regel *a* + *i* = *e* deutlich durch; z. B. wird *mahā isi* „großer Seher" in der AMg. und der Ś. zu *mahesi*. In der Mg. erscheint *necchati* „er, sie, es wünscht nicht" als *neścadi*. Hat hingegen das zweite Glied eines Kompositums als Anlaut *i* oder *u* mit folgender Doppelkonsonanz, so wird ein auslautendes *a* des ersten Gliedes eliminiert. So erscheint in der Ś. anstelle von *narendra* „König" *narinda,* und in AMg., Ś. und Mg. wird *mahendra* „Oberherrscher" zu *mahinda*. In der AMg. wird *devendra* „Götterfürst" zu *devinda*. Intransparent ist in der Ś. die Umwandlung von *parvateśvara* „Gebirgsherrscher" zu *pavvadīsara*.

Ein *udvṛtta*-Vokal (das ist die Bezeichnung für einen Vokal, der nach der Eliminierung intervokalischer Konsonanten allein als Silbenträger übrig bleibt, was

[8] Die korrekte Transliteration wäre *saṁdhi*, doch hat sich die Schreibweise *sandhi* eingebürgert.

besonders häufig in der Mh. der Fall ist) geht mit einem vorhergehenden Vokal im allgemeinen keinen Sandhi ein. So wird in der Mh. *sakala* „vollständig, ganz, gesamt“ zu *saala*, das sich nicht weiter verändert. Ebenfalls in der Mh. wird *anurāga* „Zuneigung“ zu *aṇurāa*.

Mitunter trifft man zu all dem auch auf Ausnahmen. Denn strikte Sandhi-Regeln wie im Skt. gibt es in den Prākṛt-Sprachen nicht.

2.2.12 Konsonantenassimilation

Viel häufiger als die Svarabhakti treten bei der Umgestaltung von Konsonantengruppen Assimilationserscheinungen zutage, und zwar in allen Prākṛt-Sprachen. Dabei geht es darum, die Verbindungen gewissermaßen zu „glätten“, indem ihre Bestandteile aneinander angepasst werden. Treffen also im Wortinneren zwei Konsonanten aufeinander, so erfolgt üblicherweise eine Assimilation. Allerdings gibt es hierbei keine feste Regeln.

Meist (aber durchaus nicht immer) assimiliert sich der erste Konsonant an den zweiten; diese Art der Assimilation wird regressiv genannt. Es wird also *kt* zu *tt*, *tk* zu *kk*, *tp* zu *pp*, *pt* zu *tt* etc. Hierzu einige Beispiele aus der Ś.: *utpala* „Lotusblüte“ wird zu *uppala* (so auch in der Mh.); *śabda* „Wort“ wird zu *sadda*; *kīrti* „Ruhm“ wird zu *kitti*; das sehr häufige Wort *dharma* „Sitte, Tugend“ wird zu *dhamma*. Beispiele aus der Mg.: *alpa* „gering, wenig“ wird zu *appa*; *arka* „Sonne“ wird zu *akka*. Beispiele aus der Mh. sind *yukta* „verbunden; geeignet“, das zu *jutta* wird; aus *sarpa* „Schlange“ wird *sappa*, und aus *sarva* „all, jeder, ganz“ wird *savva*. Weitere Beispiele sind *rakta* „rot; Blut“, das zu *ratta* wird, und *supta* „schlafend“ wird zu *sutta*; aus der AMg. *kalpa* „Regel; Sitte“, das zu *kappa* wird.

Die Nasale *n* und *ṇ* wie auch der Liquid *r* assimilieren sich an einen vorhergehenden Konsonanten; diese Art der Assimilation heißt progressiv. Beispiele aus der Mh.: *agni* „Feuer“ wird zu *aggi*; *rugna* „zerbrochen“ wird *rugga*. Auch in der Ś. wird *agni* zu *aggi*; *agra* „Anfang; Spitze“ wird zu *agga*. Weitere Beispiele aus der Mh.: *cakra* „Rad“ wird zu *cakka*; *hiraṇya* „Gold“ wird zu *hiraṇṇa*, und aus *sūtra* wird *sutta* „Faden; Lehrbuch“; aus der AMg.: *putra* „Sohn“ wird zu *putta*.

Die häufige Verbindung *kṣ* wird durch Assimilation zu *kkh* oder auch zu *cch*, im Anlaut weiter vereinfacht zu *kh* bzw. *ch*. In der Ś. wird *akṣi* „Auge“ so zu *akkhi* oder auch zu *acchi*. Ebenso verfährt die Mh. Weitere Beispiele aus der Ś.: aus *kṣatriya* „Krieger“ wird *khattia* durch doppelte progressive Assimilation (das *y* ist in der Ś. geschwunden). *kṣipta* „geworfen“ wird zu *khitta* (mit progressiver und regressiver Assimilation), und *dakṣiṇa* „Süden“ mutiert zu *dakkhiṇa*.

Es ist nicht unbedingt erforderlich, dass man jeweils zwischen progressiver und regressiver Assimilation zu unterscheiden weiß. Wichtig ist vielmehr, die im

Hintergrund stehenden Konsonantenverbindungen des Sanskrit zu erkennen. Im Folgenden sollen daher in (Skt.-)alphabetischer Reihenfolge einige in der Literatur häufig vorkommende Assimilationen aufgeführt werden.

Die Ligaturen *gm* und *gn* werden durch progressive Assimilation zu *gg*; *yugma* „Paar" wird in der Ś. dadurch zu *jugga*. Auf *agni*, das zu *aggi* wird, wurde bereits eingegangen. – Aus *jñ* wird *ṇṇ*; in der Ś. wird so *yajña* „Opfer" zu *jaṇṇa*. Bei den Dentalen wird *tk* zu *kk* und *tv* zu *tt*. Die folgenden Beispiele stammen aus der Mg.: *balātkāra* „Gewalt" wird zu *balākkāla*; aus *catvāri* „vier" wird *cattāli*. Es sei hier zusätzlich angemerkt, dass in der Mg. wie in der Ś. *t* oft zu *d* wird: *bhaviṣyati* „er, sie, es wird sein" wird zu *bhavissadi*.

Ursprüngliches *y*, das in der Ś. selbst nicht mehr vorkommt, erscheint hier ebenfalls assimiliert. So wird *abhyantara* „innerer" zu *abbhantara*. Ein Dental wird dabei zum Palatal umgeformt: *satya* „Wahrheit" wird zu *sacca*; aus *adya* „heute" wird *ajja* und *madhya* „mittlerer" wird zu *majjha*.

An- und inlautendes *n* wandelt sich häufig, besonders in der Ś., zu *ṇ*. In Verbindungen wie *ntr* oder *nd* bleibt es jedoch erhalten. So wird *candra* „Mond" zu *canda*; *atyanta* „überaus" mutiert zu *accanta*. In der Verbindung mit einem Gleitlaut „dominieren" *n* und *ṇ*: aus *puṇya* „Tugend" wird so *puṇṇa*.

Nach einem stimmhaften Konsonanten wird ein Nasal assimiliert. So wird *yugma* „Paar" in der Ś. zu *jugga*. Folgt ein Nasal auf einen Liquid, so wird dieser assimiliert: aus *gulma* „Busch" wird *gumma*, und *karṇa* „Ohr" wird zu *kaṇṇa* (Ś.).

In der Mh. wird ein Sibilant vor einem Nasal zu *h*; zusätzlich findet eine Inversion statt: *praśna* „Frage" wird zu *paṇha*. Eine Inversion findet ebenfalls statt, wenn *h* vor einem Nasal steht: aus *brāhmaṇa* wird so *bamhaṇa*.

Oft, besonders in der Ś., unterliegen Liquide der Assimilation. So wird *rv* ebenso wie *vr* zu *vv*; *rś*, *rṣ*, *śr* und *ṣr* werden sämtlich zu *ss*; *rm* wird zu *mm* und aus *rṇ* wird *ṇṇ*. Ein *r* wird in Konsonantenverbindungen fast immer assimiliert: *cakra* „Rad" wird zu *cakka*; aus *mārga* „Weg" wird *magga*, aus *agra* „Spitze" *agga*, aus *vyāghra* „Tiger" *vaggha* und aus *samudra* „Meer" *samudda*. Entsprechendes gilt auch für Verbindungen von *r* mit nachfolgenden Velaren: *rk* wird zu *kk* wie in *tarkayāmi* „ich vermute", das in der Ś. als *takkemi* erscheint. In der AMg. finden sich die schon zuvor erwähnten Beispiele: *karman* „Tat" wird zu *kamma*, und aus *karṇa* „Ohr" wird *kaṇṇa*. Auch in der Mh. assimilieren sich die Liquide an einen folgenden oder vorhergehenden Konsonanten: *alpa* „gering, wenig" wird zu *appa*; *bhadra* „gut, erfreulich" wird zu *bhadda*, und aus *pūrva* „früher, ehemalig" wird *puvva*.

Wegen ihrer Häufigkeit seien noch einige Assimilationen von Liquiden aufgeführt, die der Ś. entnommen sind: *tv* wird zu *tt* wie in *sattva* „Lebewesen;

Sein", das zu *satta* wird; *rt* wird zu *tt*, *kīrti* „Ruhm" also zu *kitti*; *rdh* wird zu *ddha*, *ardha* „halb" also zu *addha*; *rl* wird zu *ll*: aus *durlabha* „schwer zu erlangen" wird so *dullabha*; *rv* wird zu *vv*: *pūrva* „früher, ehemalig" wird zu *puvva*; *lk* wird zu *kk*: *valkala* „Bast, Rinde" wird also zu *vakkala*; *lp* wird zu *pp*: aus *kalpa* „Zeitalter" wird *kappa*.

Treffen Liquide und Gleitlaute aufeinander, „obsiegt" der Stärkere. Die Stärke ergibt sich aus der Reihenfolge *l* – *v* – *r* – *y*. Aus der Ś. stammen folgende Beispiele: *mūlya* „Preis" wird zu *mulla*; *sarva* „all, jeder, ganz" wird zu *savva*. Aber auch hier gibt es – wie so oft – eine Ausnahme: *kārya* „zu tun" wird zu *kajja*.

Viele Assimilationserscheinungen gibt es auch in Verbindungen mit Sibilanten. Trifft in der Mh. ein Sibilant auf einen stimmlosen Konsonanten, so wird er assimiliert und der Konsonant aspiriert: *asti* „er, sie, es ist" wird demnach zu *atthi*, und aus *puṣpa* „Blüte" wird *puppha*. Auch in der Mg. assimilisiert sich ein Sibilant gewöhnlich an einen folgenden stimmlosen Laut: *suṣka* „trocken" wird zu *sukkha*. Folgt auf einen Sibilanten ein Gleitlaut, so tritt eine progressive Assimilation ein. In der AMg. und in der Ś. wird so *aśva* „Pferd" zu *assa*; in der AMg. wird *śiṣya* „Schüler" zu *sissa*; in der Ś. wird *manuṣya* „Mensch" zu *maṇussa*.

Sibilanten sind in zahlreichen weiteren Konsonantengruppen vertreten. Die folgenden Beispiele sind der Ś. entnommen: *śn* wird zu *ṇha*; aus *praśna* „Frage" wird so *paṇha*. *ṣṇ* wird ebenfalls zu *ṇh*, also wird *uṣṇa* „heiß" zu *uṇha* und *kṛṣṇa* „schwarz" zu *kaṇha*. Aus *ṣma* wird *mha*: *grīṣma* „Sommer" wird so zu *gimha*. *ts* reduziert sich auf *s*, wobei der vorhergehende Vokal verlängert wird; so wird *utsava* „Fest" zu *ūsava*. *sn* wird zu *ṇh*, *snāta* „gebadet" erscheint als *ṇhāa*. *sy*, *sr*, *sv* werden alle zu *ss*: *rahasya* „Geheimnis" wird zu *rahassa* und *sahasra* „tausend" zu *sahassa*. *sm* wird zu *mh*: *asmi* „ich bin" erscheint als *amhi*, enklitisch *'mhi*. *st* und *sth* werden zu *tth*: *asti* „er, sie, es ist" wird demnach zu *atthi*, und *hasta* „Hand" wird zu *hattha*. Aus *sthita* „gestanden" wird *thida*. *sp* und *sph* werden zu *pph* assimiliert: *puṣpa* „Blüte" wird *puppha*. Die häufige Verbindung *kṣ* wird in der Ś. – im Unterschied zur Mh. – nicht zu *cch*, sondern zu *kkh* assimiliert; *kukṣi* „Bauch" wird in der Ś. also zu *kukkhi*. Die Gruppe *kṣm* wird unterschiedlich behandelt: aus *pakṣmala* „weich" wird *pamhala*. Skt. *lakṣmī* ist demgegenüber einer der Fälle, zu denen es keine Regel gibt und die man sich nur einprägen kann: das Wort wird zu *lacchī*.

In der Mh. werden *st* und *sth* zu *tth*: *dṛṣṭi* „Blick" wird zu *diṭṭhi*. Folgt ein Halbvokal auf einen Sibilanten, so dominiert der Sibilant; *tasya* „dessen" wird also zu *tassa*.

Keine Assimilation kennt der Hauchlaut *h*, der statt dessen einer Metathese unterliegt: er wechselt seine Position mit einem folgenden Nasal oder *l*. In der Ś.

wird demnach *aparāhṇa* „Nachmittag“ zu *avaraṇha*, aus *cihna* „Merkmal“ wird *ciṇha*. Weniger durchsichtig ist, dass *gṛhṇāti* „er, sie, es greift“ zu *geṇhadi* wird.

Der Visarga *ḥ* kommt im Lautbestand der Prākṛt-Sprachen, wie bereits festgestellt wurde, nicht mehr vor. Er hat jedoch seine Spuren hinterlassen. In der Mh. wird er vor *k*, *kh*, *p* und *ph* wie ein Sibilant behandelt und assimiliert; so wird *duḥkha* „Unglück, Leid“ zu *dukkha*. Auch in Verbindung mit einem Sibilanten ergibt sich eine Assimilation: aus *duḥsaha* „schwer zu ertragen“ wird so *dussaha*.

3. Formenlehre

3.1 Deklination der Nomina und Adjektive

3.1.1 Vorbemerkungen

Die Deklination weicht in den Prākṛts nicht so stark vom Skt. ab wie die (später zu behandelnde) Konjugation. Wo es Abweichungen gibt, sind es vorwiegend Züge der Vereinfachung.

Es gibt keinen Dual mehr; dieser ging schon zu Beginn der mittelindoarischen Ära verloren. Seine Stelle wird, wo erforderlich, vom Plural eingenommen. Ein Beispiel aus der AMg. mag dies verdeutlichen: *bahuṁ acchīhi pecchai* „viel sieht er mit den Augen". Im Skt. hätte der Dual *akṣibhyām* gebraucht werden müssen. Die Zahl der Numeri sinkt dadurch auf zwei.

Da im Auslaut nur ein Vokal oder Anusvāra geduldet wird, existiert die im Skt. so komplizierte konsonantische Deklination (man denke etwa an dreistufige Lemmata wie *vidvas* „wissend") nur noch in Resten. Somit gibt es nur noch sechs Arten der vokalischen Deklination. Die Stammausgänge sind *-a*, *-ā*, *-i*, *-ī*, *-u* und *-ū*. Die Deklinationsmuster sind folgende:

1. Masculina und Neutra auf *-a*
2. Masculina und Neutra auf *-i* und *-u*
3. Feminina auf *-ā*, *-i*, *-ī*, *-u*, *-ū*.

Aber die Feminina auf *-i* und *-u* sind fast ganz verschwunden; sie fallen weitgehend mit den auf *-ī* und *-ū* zusammen.

Während im Deutschen „der Dativ dem Genitiv sein Tod ist", verhält es sich in den Prākṛts gerade umgekehrt: der Dativ wird meist vom Genitiv verdrängt bzw. geht in diesem auf. Faktisch gibt es also nur noch sieben Kasus. Die Funktionen der Kasus werden in dem der Syntax gewidmeten Kapitel behandelt. – Sehr selten, besonders in der Mh., ist der Abl. Pl. Dagegen besteht eine Tendenz, nach der Nom. Pl. und Akk. Pl. zusammenfallen (besonders in der Mh. und der Mg.).

In den folgenden Abschnitten wird die Deklination eines geeigneten Paradigmas in allen literarischen Prākṛts dargestellt, um so eine präzise Sprachvergleichung zu ermöglichen. Als Paradigma diene *putta* (Skt. *putra*) „Sohn".

3.1.2 Masculina auf *-a*

3.1.2.1 Ardhamāgadhī

Wie das Skt. hat auch die AMg. drei Geschlechter: Masculina, Feminina und Neutra. Nicht immer stimmt das Genus mit der Skt.-*chāyā* überein. Sehr viele Nomina sind masc. und enden auf *-a*:

Kasus	**Singular**	**Plural**
Nom.	*putto, putte*	*puttā*
Vok.	*putta*	*puttā*
Akk.	*puttaṁ*	*puttā, putte*
Instr.	*putteṇa, putteṇaṁ*	*puttehi, puttehiṁ*
Abl.	*puttā, puttāo*	*puttehiṁto*
Gen.	*puttassa*	*puttāṇa, puttāṇaṁ*
Lok.	*putte, puttaṁsi*	*puttesu, puttesuṁ*

Die Skt.-Deklination schimmert hier allenthalben durch. Im Nom. Sg. ist die Endung *-o* durch die Sandhi-Gesetze bedingt. Im Pāli ist sie bereits vorherrschend. Die Endung *-e* ist dagegen typisch für die Mg. Nicht zu Unrecht heißt die Sprache „Ardha"-Māgadhī, also „Halb"-Māgadhī. Im Vok. ist die einfache Form *putta* die übliche. Der Akk. Sg. entspricht dem des Skt., nur dass an die Stelle des *m*-Auslauts der Anusvāra tritt. Auch der Instr. kommt dem des Skt. gleich, nur tritt an die Stelle des dentalen *n* das retroflexe *ṇ*. *-eṇa* ist die häufigere Endung. Da, wie schon mehrfach betont, die Prākṛts im Auslaut nur Vokale und den Anusvāra dulden, ist klar, dass der Skt.-Abl. *putrāt* nicht erhalten bleiben konnte. Es wurde also das Schluss-*t* elidiert oder durch *-o* ersetzt. Der Gen. spiegelt mit *-ssa* die Skt.-Endung *-sya* deutlich wider. Im Lok. gibt es zwei Möglichkeiten, die beide bis ins Skt. zurückverfolgt werden können. Die Endung *-e* (im Skt. aus *a* + *i* hervorgegangen) ist unverändert; die Endung *-ṁsi* geht auf den Lok. des Pronomens *tad* zurück, also auf *tasmin*. Die AMg. stellt jedoch die Konsonanten um; ein solcher Prozess wird Metathesis genannt.

Im Vergleich zum Skt. hat die AMg. im Nom. und Vok. Pl. den Visarga abgeworfen. Im Akk. Pl. setzt sich die Tendenz durch, die gleiche Form wie im Nom. Pl. zu bilden. Der Instr. geht auf die konsonantische Deklination mit der Endung *-bhiḥ* zurück. Im Abl. schimmern sogar zwei Skt.-Endungen durch, nämlich *-bhyaḥ* und eine spezielle Abl.-Endung, *-tas*. Der Gen. wiederum entspricht fast genau dem sanskritischen *putrāṇām*. Auch der Lok. lehnt sich eng an das Skt. *putreṣu* an.

3.1.2.2 Śaurasenī

Auch die Ś. hat drei Genera. – Die Masculina auf *-a* sind von allen Deklinationsmustern am häufigsten vertreten. Gegenüber dem Skt. sind die Abweichungen nicht sehr groß. Doch geht auch hier der Dat. im Gen. auf. Eine Form wie Skt. *putrāya* hat in der Ś. kein Analogon. Es folgt das Paradigma:

Kasus	**Singular**	**Plural**
Nom.	*putto*	*puttā*
Vok.	*putta*	*puttā*
Akk.	*puttaṁ*	*putte*
Instr.	*putteṇa*	*puttehiṁ*
Abl.	*puttādo*	*puttehiṁto*
Gen.	*puttassa*	*puttāṇaṁ*
Lok.	*putte*	*puttesuṁ*

Einige Kasus verdienen besondere Aufmerksamkeit und sollen kurz kommentiert werden. Der Nom. Sg. entspricht dem Pāli und geht letztlich zurück auf die Skt.-Endung *-aḥ*. Der Akk. Sg. entspricht fast vollkommen dem Skt., nur lautet die Form nicht auf *-m*, sondern auf einen Anusvāra aus. Der Instr. Sg. entspricht wiederum dem Skt., nur wurde das *ṇ* retroflexisiert. Im Abl. Sg. schimmert das Skt. immerhin noch durch, doch ein *putrāt* konnte die Ś. wegen des konsonantischen Auslauts nicht tolerieren. Der Gen. Sg. zeigt deutlich die progressive Assimilation gegenüber Skt. *putrasya*. Lok. und Vok. Sg. entsprechen vollkommen dem Skt.

Mehr ist über den Pl. zu sagen. Der Nom. Pl. erinnert an Skt. *putrāḥ*; natürlich musste der Visarga wegfallen. Der Akk. Pl. ist wiederum vom sanskritischen *putrān* völlig verschieden. Die Ś. hat hier ein Alleinstellungsmerkmal. So haben z.B. die AMg. und die Mh. außer *putte* auch die alte Form *puttā*. Sprachgeschichtlich von besonderem Interesse ist der Instr. Pl. Er entspricht nämlich nicht dem sanskritischen *putraiḥ*, sondern dem vedischen *putrebhiḥ*. Hier wird deutlich, dass die Ś. nicht von dem durch Pāṇini regulierten Skt. abstammt, sondern auf Dialekte aus vedischer Zeit zurückgeht. Der Abl. Pl. weist die zusätzliche Endung *-to* auf, die auf Skt. *-tas* zurückgeht. Gen., Lok. und Vok. Pl. entsprechen weitgehend den betreffenden Skt.-Formen.

3.1.2.3 Māhārāṣṭrī

Auch die Mh. besitzt weder einen Dual noch die konsonantische Deklination (von Resten abgesehen). Auch hier geht der Dat. weitgehend im Gen. auf. Dennoch hat es die Mh. vermocht, zwei gültige Formen für den Dativ zu kreieren. Es folgt das Paradigma.

Kasus	**Singular**	**Plural**
Nom.	*putto*	*puttā*
Vok.	*putta*	
Akk.	*puttam*	*puttā, putte*
Instr.	*putteṇa*	*puttehi(ṁ)*
Dat.	*puttāa, puttāe*	
Abl.	*puttāo, puttā*	*puttehiṁto*
Gen.	*puttassa*	*puttāṇa(ṁ)*
Lok.	*putte, puttammi*	*puttesu(ṁ)*

Die Skt.-Vorformen schimmern hier noch allenthalben durch. Freilich kommen auch die üblichen Lautwandelerscheinungen zur Geltung, so die Assimilation in *puttassa*. Die *o*-Endung im Nom. Sg. ist schon im Pāli üblich und geht auf Skt. *-aḥ* zurück. Auffallend ist die Endung *-mmi* im Lok. Sg., die aus Skt. *-smin* hervorgegangen ist.

In den Plural-Kasus ist der Anusvāra im Auslaut fakultativ. Sehr selten ist der Abl. Pl.; der Ausgang *-to* beruht auf Skt. *-taḥ*. Hervorzuheben ist die schon hier auffallende Tendenz, dass Nom. und Akk. im Pl. zusammenfallen.

3.1.2.4 Māgadhī

Die Feststellung der altindischen Grammatiker, dass die Mg. am nächsten mit der Śaurasenī verwandt sei, trifft zu. Jedoch weist die Mg. in mehrfacher Hinsicht Besonderheiten auf, die sie von den anderen Prākṛt-Sprachen deutlich unterscheiden. Übereinstimmungen bestehen darin, dass auch die Mg. keinen Dual mehr hat und die konsonantische Deklination nur noch in Resten kennt. Der Dat. geht ganz im Gen. auf und hat im Unterschied zur Mh. keine eigene Form entwickelt. Der Abl. Pl. wird auch in der Mg. nur selten gebraucht. Nach dem Paradigma werden einige weitere Erläuterungen gegeben.

Kasus	**Singular**	**Plural**
Nom.	*putte*	*puttā*
Vok.	*puttā*	
Akk.	*puttaṁ*	*putte*
Instr.	*putteṇa, puttāa*	*puttehi*
Abl.	*puttādo*	*puttehiṁto*
Gen.	*puttaśśa, puttāha*	*puttāṇaṁ*
Lok.	*puttāhiṁ, puttammi*	*putteśu*

Die *e*-Endung im Nom. Sg. ist ein deutliches Alleinstellungsmerkmal der Mg. Ein Dativ wird nicht mehr ausgewiesen. Der Akk. Sg. und die erste Form des Instr. spiegeln das Skt. wider. Der Abl. Sg. entspricht der Śaurasenī. Im Gen. Sg.

kommen die typischen Lautwandelerscheinungen der Mg. zur Geltung: das *-sya* des Skt. wird assimiliert, außerdem kennt die Mg. von den Sibilanten nur das palatale *ś*. Die Form *puttāha* kommt nur in einem Subdialekt der Mg. vor. Im Lok. Sg. geht die Endung *-mmi* auf Skt. *-smin* zurück. Für die andere Form des Lok. gibt es noch keine wirklich überzeugende Erklärung.

Der Nom. Pl. entspricht sanskritischem *putrāḥ*, doch kennt die Mg. wie alle anderen Prākṛt-Sprachen den Visarga nicht. Der Akk. Pl. wiederum ist identisch mit einer Form der AMg. Wie erwähnt, ist der Abl. Pl. sehr selten. Die übrigen Formen des Plurals sind leicht auf das Skt. zurückzuführen.

3.1.3 Neutra auf *-a*

Wie im Skt. werden die Neutra auf *-a* ganz ähnlich dekliniert wie die Masculina. Als Paradigma diene ein *Tatsama*: Skt. *phala* „Frucht, Lohn, Resultat". Im Singular lautet die Form im Nom., Vok. und Akk. *phalaṁ* (wobei das *ph* wie im Sanskrit nicht als *f* auszusprechen ist). Alle anderen Kasus entsprechen denen des Masc. Im Plural haben Nom. und Akk. die Form *phalāiṁ*. Daneben hat sich auch die Skt.-Form *phalāni* behauptet, in der Mg. einfaches *phalā*. Die übrigen Kasus entsprechen wieder dem Masc.

3.1.4 Masculina auf *-i*

Im Skt. hat sich für das Paradigma dieser Deklinationsart traditionell das Wort *agni* „Feuer" angeboten, das in den Prākṛts durch progressive Assimilation als *aggi* erscheint. Die einzelnen Sprachen differieren nur unwesentlich untereinander.

3.1.4.1 Ardhamāgadhī

Kasus	Singular	Plural
Nom.	*aggī*	*aggiṇo*
Vok.	*aggi*	*aggiṇo*
Akk.	*aggiṁ*	*aggiṇo*
Instr.	*aggiṇā*	*aggīhiṁ*
Abl.	*aggīo*	*aggīhiṁto*
Gen.	*aggiṇo, aggissa*	*aggīṇaṁ*
Lok.	*aggiṁsi*	*aggīsuṁ*

Im Nom. Sg. tritt das auslautende *-ī* an die Stelle von Skt. *-iḥ*. Eine Form des Gen. Sg. (*aggissa*) ist offenbar von der *a*-Deklination übernommen worden. Im Lok. Sg. geht die Endung *-iṁsi* auf Skt. *-smin* zurück. Im Pl. sind Nom., Vok. und

Akk. identisch. Hier sind die Unterschiede zum Skt. deutlich (vgl. Skt. Nom. *agnayaḥ*, Akk. *agnīn*).

3.1.4.2 Śaurasenī

Kasus	Singular	Plural
Nom.	*aggī*	*aggiṇo, aggīo*
Vok.	*aggi*	
Akk.	*aggiṁ*	*aggiṇo, aggīo*
Instr.	*aggiṇā*	*aggīhiṁ*
Abl.	*aggido*	
Gen.	*aggiṇo*	*aggīṇaṁ*
Lok.	*aggimmi*	*aggīsuṁ*

AMg. und Ś. unterscheiden sich also nicht sehr voneinander. Erheblich sind die Unterschiede zum Skt. im Gen. Sg. (das *agneḥ* hat) und wieder im Nom. und Akk. Pl. Vok. und Abl. Pl. sind nicht hinreichend belegt.

3.1.4.3 Māhārāṣṭrī

Kasus	Singular	Plural
Nom.	*aggī*	*aggiṇo*
Vok.	*aggi*	*aggī*
Akk.	*aggiṁ*	*aggiṇo*
Instr.	*aggiṇā*	*aggīhi*
Abl.	*aggīo, aggiṇo*	
Gen.	*aggissa, aggiṇo*	*aggīṇa(ṁ)*
Lok.	*aggimmi*	*aggīsu(ṁ)*

Eine der Formen des Gen. Sg. stammt wieder aus der *a*-Deklination. Die Endung des Lok. Sg. ist schon aus der Ś. bekannt. Im Pl. fallen Nom. und Akk. zusammen und unterscheiden sich deutlich (im Gegensatz zu den anderen Pluralformen) vom Skt.

3.1.4.4 Māgadhī

Kasus	Singular	Plural
Nom.	*aggī*	*aggiṇo*
Akk.	*aggiṁ*	*aggiṇo*
Instr.	*aggiṇā*	*aggīhiṁ*
Abl.	*aggido*	
Gen.	*aggiṇo, aggiśśa*	*aggīṇaṁ*
Lok.	*aggimmi*	*aggīśu*

Für die Mg. typisch ist der Gen. Sg.: Hier schimmert die Skt.-Endung *-sya* durch, doch die Mg. kennt nur das palatale *ś* (ebenso im Lok. Pl.). Nom. und Akk. Pl. sind wieder identisch. Alle anderen Formen sind bereits bekannt. Vok. Sg. und Pl. sowie Abl. Pl. sind nicht hinreichend belegt.

3.1.5 Masculina auf *-u*

Die Deklination verläuft weitgehend analog den Masculina auf *-i*. Als Paradigma soll hier *vāu* (Skt. *vāyu*) „Wind" dienen.

3.1.5.1 Ardhamāgadhī

Kasus	Singular	Plural
Nom.	*vāū*	*vāuṇo*
Vok.	*vāu*	*vāuṇo*
Akk.	*vāuṁ*	*vāuṇo*
Instr.	*vāuṇā*	*vāūhiṁ*
Abl.	*vāuṇo, vāuo*	*vāūhiṁto*
Gen.	*vāussa*	*vāūṇaṁ*
Lok.	*vāuṁsi*	*vāūsuṁ*

3.1.5.2 Śaurasenī

Kasus	Singular	Plural
Nom.	*vāū*	*vāuṇo, vāao*
Vok.	*vāu*	—
Akk.	*vāuṁ*	*vāuṇo*
Instr.	*vāuṇā*	*vāūhiṁ*
Abl.	*vāudo*	—
Gen.	*vāuṇo*	*vāūṇaṁ*
Lok.	*vāummi*	*vāūsu(ṁ)*

Die Deklination der Mh. unterscheidet sich nicht von der der Ś. Nom. und Akk. fallen im Plural zusammen. Auch die Deklination der Mg. unterscheidet sich nicht von der der Ś.; zu beachten ist nur, dass der Lok. Pl. *vāūśu* heißt, da die Mg. nur das palatale *ś* kennt.

3.1.6 Feminina auf *-ā*

Die Deklination der Feminina auf *-ā* unterscheidet sich erheblich von der besonders im Sg. komplizierten Deklination im Skt. Gegenüber dem Skt.-Abl. und Gen. Sg. *mālāyāḥ* und dem Lok. Sg. *mālāyām* zeigt sich eine deutliche

Vereinfachung. Das erhellt schon daraus, dass Instr., Gen. und Lok. zusammenfallen. Im Pl. haben Nom., Akk. und Vok. dieselbe Form, wie am Beispiel des *Tatsama mālā* „Kranz“ gezeigt wird.

3.1.6.1 Ardhamāgadhī und Śaurasenī

Kasus	Singular	Plural
Nom.	*mālā*	*mālāo, mālā*
Vok.	*māle, mālā*	*mālāo, mālā*
Akk.	*mālāṁ*	*mālāo, mālā*
Instr.	*mālāe*	*mālāhiṁ*
Abl.	*mālāo*	*mālāhiṁto*
Gen.	*mālāe*	*mālāṇaṁ*
Lok.	*mālāe*	*mālāsuṁ*

Dieses Deklinationsparadigma gilt für die AMg. Die Ś. unterscheidet sich von ihr so unwesentlich, dass keine gesonderte Tabelle aufgestellt zu werden braucht. Lediglich der Abl. Sg. lautet *mālādo*, und für den Nom., Vok. und Akk. Pl. gilt nur die Form *mālāo*.

3.1.6.2 Māhārāṣṭrī

Die Mh. entspricht im Sg. ganz der AMg; lediglich der Plural unterscheidet sich.

Kasus	Singular	Plural
Nom.	*mālā*	*mālāo, mālā*
Vok.	*māle, mālā*	*mālāo, mālā*
Akk.	*mālāṁ*	*mālāo*
Instr.	*mālāe*	*mālāhi(ṁ)*
Abl.	*mālāo*	*mālāhiṁto*
Gen.	*mālāe*	*mālāṇa(ṁ)*
Lok.	*mālāe*	*mālāsu(ṁ)*

3.1.6.3 Māgadhī

Hier ist den Deklinationen der Stämme auf *-ā*, *-ī* und *-ū* gemeinsam, dass im Akk. Sg. der Vokal vor dem auslautenden Anusvāra gekürzt wird, dass Instr., Gen. und Lok. Sg. auf *-e* enden und der Abl. Sg. auf *-do* ausgeht.

3.1.7 Feminina auf *-ī*

Im Skt. ist die Deklination der Feminina auf *-ī* besonders schwierig. Man muss sich schon tief in das Sanskrit eingearbeitet haben, um zu wissen, dass *nadī* „Fluss“

im Nom. Pl. die Form *nadyaḥ*, im Akk. Pl. aber *nadīḥ* bildet (man sollte analog den Formen *devān* und *agnīn* hier **nadīn* erwarten).

In der AMg. fallen im Sg. Instr., Gen. und Lok., im Pl. Nom. und Akk. zusammen. Als Paradigma eignet sich für Vergleiche mit dem Skt. das Wort für „Fluss", das hier *ṇadī* heißt:

Kasus	**Singular**	**Plural**
Nom.	*ṇadī*	*ṇadīo*
Vok.	*ṇadi*	*ṇadīo*
Akk.	*ṇadiṁ*	*ṇadīo*
Instr.	*ṇadie*	*ṇadīhiṁ*
Abl.	*ṇadīo*	*ṇadīhiṁto*
Gen.	*ṇadīe*	*ṇadīṇaṁ*
Lok.	*ṇadīe*	*ṇadīsuṁ*

Dies ist das Muster der AMg. Damit identisch ist das der Mh. Die Ś. und die Mg. haben im Abl. Sg. die Endung *-do*.

3.1.8 Feminina auf *-ū*

Feminina auf *-ū* sind selten. Dekliniert werden sie *mutatis mutandis* wie die Feminina auf *-ī*. Es genügt daher ein Beispiel aus der AMg. Als Paradigma dient *taṇū* (Skt. *tanu*, *tanū*) „Körper, Leib".

Kasus	**Singular**	**Plural**
Nom.	*taṇū*	*taṇūo*
Vok.	*taṇū*	*taṇūo*
Akk.	*taṇūṁ*	*taṇūo*
Instr.	*taṇūe*	*taṇūhiṁ*
Abl.	*taṇūo*	*taṇūhiṁto*
Gen.	*taṇūe*	*taṇūnaṁ*
Lok.	*taṇūe*	*taṇūsuṁ*

3.1.9 Feminina auf *-i* und *-u*

Diese sind sehr selten und gehen zudem oft in die Deklinationen der Feminina auf *-ī* und *-ū* über. Der Vollständigkeit halber seien hier zwei Paradigmata aus der AMg. gegeben. Als Beispiel dient zunächst *rai* (Skt. *rati*) „Liebeslust". Das Wort ist nicht diphthongisch, sondern zweisilbig *ra-i* auszusprechen, denn der intervokalische Dental wurde im Prākṛt eliminiert.

Kasus	Singular	Plural
Nom.	*raī*	*raīo*
Vok.	*rai*	*raīo*
Akk.	*raīṁ*	*raīo*
Instr.	*raīe*	*raīhiṁ*
Abl.	*raīo*	*raīhiṁto*
Gen.	*raīe*	*raīṇaṁ*
Lok.	*raīe, raiṁsi*	*raīsuṁ*

Die Deklination der Feminina auf *-u* soll anhand des Paradigmas *dheṇu* (Skt. *dhenu*) „Milchkuh" gezeigt werden. Sie verläuft analog der Deklination bei den Feminina auf *-i*.

Kasus	Singular	Plural
Nom.	*dheṇū*	*dheṇūo*
Vok.	*dheṇu*	*dheṇūo*
Akk.	*dheṇūṁ*	*dheṇūo*
Instr.	*dheṇūe*	*dheṇūhiṁ*
Abl.	*dheṇūo*	*dheṇūhiṁto*
Gen.	*dheṇūe*	*dheṇūṇaṁ*
Lok.	*dheṇuṁsi*	*dheṇūsuṁ*

3.1.10 Skt.-Stämme auf *-ṛ* (Nomina agentis)

Eine besondere Position nehmen diejenigen Nomina ein, deren Stamm im Skt. auf *-ṛ* endet. Es handelt sich entweder (überwiegend) um solche Nomina, die Verwandtschaftsverhältnisse bezeichnen (s. dazu weiter unter 3.1.11), oder um Bezeichnungen von Personen, die eine bestimmte Aktion ausüben (Nomina agentis, lateinisch *-tōr*). Aber die betreffenden Formen des Skt. haben sich in den Prākṛts nur im Nom., Akk. Sg. und Nom. Pl. erhalten; da es in den Prākṛts das silbische *ṛ* nicht mehr gibt, sind die *ṛ*-Stämme ansonsten vielfach zu *u*-Stämmen geworden. Übrigens ist eine ganze Anzahl von Formen nicht belegbar.

3.1.10.1 Ardhamāgadhī

Am besten überliefert sind die Nomina agentis in der AMg. Als Paradigma diene hier *kattā* „Täter, Macher" (Skt. *kartṛ*).

Kasus	Singular	Plural
Nom.	*kattā*	*kattāro, kattā*
Vok.	*kattā*	*kattāro*
Akk.	*kattāraṁ*	*kattāro*
Instr.	*kattāreṇa, kattuṇā*	*kattārehiṁ*

Kasus	Singular	Plural
Abl.	*kattārāo*	*kattārehiṁto*
Gen.	*kattuṇo, kattārassa*	*kattāraṇaṁ*
Lok.	*kattāre*	*kattāresuṁ*

3.1.10.2 Śaurasenī

Die Formen der Śaurasenī unterscheiden sich – soweit sie belegbar sind – von denen der AMg. nur unwesentlich. Als Paradigma diene hier *bhattā* „Gatte, Erhalter" (Skt. *bhartṛ*).

Kasus	Singular	Plural
Nom.	*bhattā*	*bhattāro*
Akk.	*bhattāraṁ*	*bhattāro*
Instr.	*bhattuṇa*	
Gen.	*bhattuṇo*	*bhattāranaṁ*
Lok.	*bhattāre*	*bhattāresu(ṁ)*

3.1.10.3 Māgadhī

In der Māgadhī ist das Lemma *bhattā* nur für den Sg. voll belegbar:

Kasus	Singular
Nom.	*bhattā*
Vok.	*bhattā*
Akk.	*bhattālaṁ*
Instr.	*bhattuṇa*
Gen.	*bhattuṇo*
Lok.	*bhattāle*

3.1.11 Skt.-Stämme auf *-ṛ* (Verwandtschaftstermini)

Die Deklinationsformen der Verwandtschaftstermini sind besser belegt als die der Nomina agentis, doch sind sie weniger einheitlich als jene.

3.1.11.1 Ardhamāgadhī

Hier seien zwei Paradigmata angeführt: *piyā* „Vater" (Skt. *pitṛ*) und *māyā* „Mutter" (Skt. *mātṛ*).

Kasus	Singular	Plural
Nom.	*piyā*	*piyaro*
Vok.	*piyā*	*piyaro*
Akk.	*piyaraṁ*	*piyaro, piyare*

Kasus	**Singular**	**Plural**
Instr.	*piuṇā*	*piūhiṁ*
Abl.	*piuṇo*	*piūhiṁto*
Gen.	*piuṇo, piussa*	*piūṇaṁ*
Lok.	*piyari*	*piūsuṁ*

Kasus	**Singular**	**Plural**
Nom.	*māyā*	*māyaro*
Vok.	*māyā*	*māyaro*
Akk.	*māyaraṁ*	*māyaro*
Instr.	*māyāe*	*māyahiṁ*
Abl.	*māyāe*	*māīhiṁto*
Gen.	*māyāe*	*māīhiṁto*
Lok.	*māyāe*	*māīsuṁ*

3.1.11.2 Śaurasenī

Für die Verwandtschaftswörter bietet sich auch hier das Wort für „Vater" (*pidu*, < Skt. *pitṛ*) als Paradigma an.

Kasus	**Singular**	**Plural**
Nom.	*pidā (pidu)*	*pidaro*
Akk.	*pidaraṁ*	*pidaro*
Instr.	*piduṇā*	*piūhiṁ*
Gen.	*piduṇo*	*piūnaṁ*
Lok.		*piūsu(ṁ)*

3.1.11.3 Māhārāṣṭrī

Die *ṛ*-Stämme werden unregelmäßig dekliniert. Außerdem treten hier spezifische phonologische Wandlungen in Kraft. Im Allgemeinen folgen die *ṛ*-Stämme im Nom. und Akk. Sg. sowie im Nom. Pl. dem Skt. Das Paradigma von *pia* „Vater" (Skt. pitṛ) zeigt, dass *ṛ*-Stämme zu *u*-Stämmen werden können.

Kasus	**Singular**	**Plural**
Nom.	*piā*	*piaro (Skt. pitaraḥ)*
Akk.	*piaraṁ*	*piaro, piuṇo*
Instr.	*piuṇa*	*piūhiṁ*
Gen.	*piuṇo*	*piūna(ṁ)*
Lok.		*piūsu(ṁ)*

Für *māā* „Mutter" (Skt. *mātṛ*) finden sich nur die folgenden Formen im Sg.:

Kasus	Singular	Plural
Nom.	*māā*	
Akk.	*māaraṁ*	
Instr.	*māāe*	

Andere einschlägige Feminina wie *dhūyā* „Tochter“ (Skt. *duhitṛ*) folgen den Feminina auf *-ā*.

3.1.11.4 Māgadhī

Für die Verwandtschaftstermini möge *pida* „Vater“ als Paradigma dienen:

Kasus	Singular	Plural
Nom.	*pidā*	*pidalo*
Vok.	*pidā*	*pidalo*
Akk.	*pidalaṁ*	*pidalo*
Instr.	*piduṇā*	*pidūhiṁ*
Abl.	*piduṇo*	*pidūhiṁto*
Gen.	*piduṇo*	*pidūṇaṁ*
Lok.	*piduṇe*	*pidūśu*

3.1.12 Skt.-Stämme auf *-o* und *-au*

Diese im Skt. weit verbreiteten Stämme leben in den Prākṛts nur in Spuren fort. Die Aufstellung von Deklinationstabellen ist daher nicht möglich. Vom *Tatsama go* „Rind, Kuh“ sind in der AMg. geringe Reste nachweisbar: Nom. und Akk. Pl. *gāo*, Instr. Pl. *gohiṁ*, Gen. Pl. *gavaṁ*. Geringfügig besser überliefert ist *nau* „Schiff, Boot“. In der AMg. wird das Lemma zu *nāvā* umgestaltet und wie ein *ā*-Stamm dekliniert, mit Akk. Sg. *nāvāṁ*, Instr. und Gen. Sg. *nāvāe*, Abl. Sg. *nāvāo*. Der Instr. Pl. lautet *nāvāhi*. Ebenso verfährt die Ś.

3.1.13 Konsonantische Deklination

Eine konsonantische Deklination im eigentlichen Sinn, wie im Skt., gibt es in den Prākṛt-Sprachen nicht. Dies ist schon deshalb nicht möglich, da der Auslaut durchweg auf Vokale oder den Anusvāra beschränkt ist. Es kann daher nur verfolgt werden, wie die Skt.-Nomina mit konsonantischen Ausgängen in den Prākṛts weiterleben. Hier ist die Überlieferungslage besser, so dass die Aufstellung von Deklinationstabellen bei mehreren wichtigen Lexemen wieder möglich ist.

Hier sollen zunächst zwei Nomina mit dem Skt.-Ausgang *-an* besprochen werden, die große historische und geistesgeschichtliche Bedeutung haben, weshalb sie allenthalben in der Literatur vorkommen. Entsprechend gut ist ihre

Überlieferung. Es handelt sich um die Lemmata *rājan* „König" und *ātman* „Seele, Selbst".

3.1.13.1 Deklination von *rājan*

3.1.13.1.1 Ardhamāgadhī

Wie erscheint *rājan* in der AMg.?

Kasus	**Singular**	**Plural**
Nom.	*rāyā*	*rāyāṇo*
Vok.	*rāyā, rāya*	*rāyāṇo*
Akk.	*rāyāṇaṁ, rāyaṁ*	*rāyāṇo*
Instr.	*rāīṇa*	*rāīhiṁ*
Abl.	*rāīṇo*	*rāīhiṁto*
Gen.	*rāīṇo, rāyassa*	*rāīṇaṁ*
Lok.	*rāyaṁsi*	*rāīsuṁ*

Die Skt.-Deklination der Nomina auf *-an* schimmert also ebenso durch wie (im Gen. Sg.) die *a*-Deklination und (im Lok. Sg.) die Pronominalform *tasmin* (mit Metathese).

3.1.13.1.2 Śaurasenī

Hier finden sich folgende Formen:

Kasus	**Singular**	**Plural**
Nom.	*rāā*	*rāāṇo*
Akk.	*rāāṇaṁ*	*rāāṇo*
Instr.	*raṇṇā*	*rāihiṁ*
Gen.	*raṇṇo, rāiṇo*	*rāiṇaṁ*

3.1.13.1.3 Māhārāṣṭrī

Kasus	**Singular**	**Plural**
Nom.	*rāyā*	*rāyaṇo*
Vok.	*rāa(ṁ)*	
Akk.	*rāyāṇaṁ*	*rāyāṇo*
Abl.	*raṇṇā, rāiṇā*	*rāīhi(ṁ)*
Gen.	*raṇno, rāiṇo*	*rāiṇa(ṁ)*
Lok.	*rāe*	

Die fehlenden Formen sind nicht hinreichend belegt.

3.1.13.1.4 Māgadhī

Hier greifen deutlich die phonologischen Veränderungen.

Kasus	Singular	Plural
Nom.	*lāā, lāyā*	*lāāṇo*
Akk.	*lāāṇaṁ*	*lāāṇo*
Instr.	*laññā*	*lāīhi(ṁ)*
Abl.	*lañño*	*lāīhiṁto*
Gen.	*lañño*	*lāīnaṁ*
Lok.	*lae*	*lāīśu(ṁ)*

3.1.13.2 Deklination von *ātman*

3.1.13.2.1 Ardhamāgadhī

Das Skt.-Nomen *ātman* setzt sich in zwei Varianten fort: *appā* und *attā*. Da sie sich in der Deklination kaum voneinander unterscheiden, genügt hier als Paradigma *appā*. In der AMg. findet sich das folgende Paradigma:

Kasus	Singular	Plural
Nom.	*appā*	*appāṇo*
Akk.	*appāṇaṁ*	*appāṇo*
Instr.	*appaṇā*	*appāṇehiṁ*
Abl.	*appao*	*appāṇehiṁto*
Gen.	*appaṇo*	*appāṇaṁ*
Lok.	*appaṇi*	*appesuṁ*

3.1.13.2.2 Māhārāṣṭrī

In der Mh. finden sich nur die folgenden Formen:

Kasus	Singular
Nom.	*appā*
Akk.	*appāṇaṁ*
Instr.	*appāṇā*
Gen.	*appaṇo*

3.1.13.2.3 Māgadhī und Śaurasenī

Hier erscheint Skt. ātman als *atta*. Die Mg. bildet wie die Ś. im Sg. die folgenden Kasus aus:

Kasus	Singular
Nom.	*attā*
Akk.	*attāṇaṁ*
Instr.	*atteṇa*
Abl.	*attaṇo*
Gen.	*attaṇo*

3.1.13.3 Stämme auf *-at*, *-mat* und *-vat*

Die Stämme auf *-at*, *-mat* und *-vat* bauen in allen Prākṛts auf dem starken Stamm *-anta*, *-manta* und *-vanta* auf; danach gilt die *a*-Deklination. Gut dokumentiert ist dies in der AMg., wie das Paradigma von Skt. *arhat* „Ehrwürdiger, Erlöster" zeigt, das zu *arahaṁta* wird:

Kasus	Singular	Plural
Nom.	*arahaṁ, arahaṁto*	*arahaṁto*
Akk.	*arahaṁtaṁ*	*arahaṁte*
Instr.	*arahaṁteṇa*	*arahaṁtehiṁ*
Abl.	*arahao*	*arahaṁtehiṁto*
Gen.	*arahao, arahaṁtassa*	*arahaṁtāṇaṁ*
Lok.	*arahaṁte*	*arahaṁtesuṁ*

Die Ś. behält den starken Stamm bei und folgt der *a*-Deklination. Beispiel: Skt. *mahat* „groß" wird im Nom. Sg. zu *mahanto*; im Gen. Sg. wird Skt. *mahataḥ* zu *mahantassa*.

Die Mh. verwendet ebenfalls den Stamm auf *-nt* und fügt *a* an. So wird *balavant* zu *balavanta*. Die Femininbildung erfolgt auf *-ī*.

In der Mg. sind bei weitem nicht alle Kasus belegt. Skt. *mahat* „groß" hat den Nom. Sg. *mahān*, in der Mg. jedoch den Nom. Sg. *mahante*; der Akk. Sg. lautet *mahantaṁ*.

3.1.13.4 Andere Skt.-Stämme auf *-an*

Die besonders wichtigen *n*-Stämme *rājan* und *ātman* wurden bereits oben ausführlich besprochen. Hinzuzufügen ist hier noch Skt. *nāman* „Name" (n). Ś., Mh. und Mg. haben den Nom. Sg. *ṇāmaṁ*, im Instr. Sg. *ṇāmeṇa*. Im Nom. Pl. hat die AMg. *ṇāmaiṁ*.

3.1.13.5 Skt.-Stämme auf *-in*, *-min* und *-vin*

Im allgemeinen werden die *in*-Stämme zu *i*-Stämmen reduziert. So bildet die Ś. folgende Formen: für Skt. *hastin* „Elefant" erscheint im Nom. Sg. *hatthī*; Skt.

svāmin „Eigentümer, Herr" hat im Instr. Sg. *sāmiṇā*, und Skt. *pakṣin* „Vogel" bildet den Nom. Pl. *pakkhiṇo*. In der Ś. ist es üblich – wie soeben gesehen –, im Nom. Sg. den Endkonsonanten abzuwerfen und den vorausgehenden Vokal zu verlängern. Der Akk. Sg. heißt dann wieder *hatthiṁ*. Ein weiteres Beispiel ist Skt. *tapasvin* „Asket, Büßer", hier lautet der Nom. Sg. in der Ś. *tavassī* (Mg. *tavaśśī*).

3.1.13.6 Skt.-Stämme auf *-s*

In den Prākṛts sind *s*-Stämme nur verstreut überliefert. In der Ś. werfen die Stämme auf *-as*, *-is* und *-us* den Sibilanten ab und erhalten so die Ausgänge *-a*, *-i* und *-u*. Es handelt sich dabei wie im Skt. um Neutra. Beispiele sind: Skt. Nom. Sg. *durmanaḥ* „Gemütsstörung" wird in der Ś. zu *dummaṇaṁ*; *śiraḥ* „Kopf, Spitze" wird zu *siraṁ*. Skt. *manas* „Geist, Verstand" bildet in der AMg. den Instr. Sg. *maṇasā* und den Lok. Sg. *maṇasi*. Skt. *cakṣus* „Auge" bildet in der AMg. den Instr. Sg. *cakkhusā*, den Abl. Sg. *cakkhūo*, den Gen. Sg. *cakkhussa*, den Lok. Sg. *cakkhummi* und den Nom. Pl. *cakkhūiṁ*. Skt. *apsaras* „himmlische Nymphe" wird in allen Prākṛts als *ā*-Stamm flektiert: AMg. und Ś. bilden den Nom. Sg. *accharā*, den Nom. Pl. *accharāo* und den Instr. Pl. *accharāhiṁ*.

3.1.13.7 Sonstige Skt.-Stämme auf Konsonant

Weitere konsonantische Stämme kommen nur ganz vereinzelt vor. Skt. *vāc* (Akk. Sg. *vācam*) „Sprache, Stimme" erscheint in der Mh., den Lautgesetzen folgend, als *vāā*, in der AMg. als *vāyā*. Skt. *pariṣad* „Versammlung" bildet in der AMg. den Nom. Sg. *parisā*, den Nom. Pl. *parisāo*, den Instr. Pl. *parisāhiṁ*, den Gen. Pl. *parisāṇaṁ* und den Instr., Gen. und Lok. Sg. *parisāe*. Skt. *diś* „Himmelsrichtung" bildet in allen Prākṛts (außer der Mg., die kein dentales *s* hat) folgende Formen:

Kasus	**Singular**	**Plural**
Nom.	*disā*	*disāo*
Akk.	*disaṁ*	*disāo*
Instr.	*disāe*	*disāhiṁ*
Abl.	*disāo*	*disāhiṁto*
Gen.	*disāe*	*disāṇaṁ*
Lok.	*disāe*	*disāsu*

Lediglich die AMg. hat im Abl. Sg. die Form *diso*.

3.1.14 Steigerungsformen der Adjektive

In der AMg. wird der Komparativ meist mit den Suffixen *-tara* oder *-yara* gebildet, der Superlativ mit den Suffixen *-tama* oder *-yama*. Die Suffixe *-tara* und *-tama* sind mit den im Skt. gebräuchlichen identisch.

Auch in der Mh. sind *-tara* und *-tama* die Suffixe für den Komparativ und den Superlativ. Dabei müssen freilich die Lautgesetze berücksichtigt werden. Beispiele: Skt. *priyatama* „liebst" wird durch Konsonantenelision zu *piaama*. Aus *tīkṣṇātara* „schärfer" wird *tikkhaara*.

Die Ś. hat dieselben Suffixe, aber auch Lautveränderungen. So wird Skt. *adhikatara* „größer, besser" zu *adhiadara*.

Da die Mg. *r* zu *l* werden lässt, wird hier *mahattara* „größer" zu *mahattala*.

Das Skt.-Suffix *-iyas* für den Komparativ ist selten. Häufiger ist das Suffix *-iṣṭha* für den Superlativ. So wird in der Ś. *kaniṣṭha* „kleinst, jüngst" zu *kaṇiṭṭha*. Die AMg. verändert Skt. *dharmiṣṭha* „überaus tugendhaft" zu *dhammiṭṭha*.

Einige wichtige abweichende Formen haben sich in der AMg., zum Teil auch in der Ś. erhalten. Aus Skt. *śreṣṭha* „bester" wird *seṭṭha*, und Skt. *jyeṣṭha* „ältester" wird zu *jeṭṭha*.

3.2 Deklination der Pronomina

Da Pronomina in der Literatur sehr häufig vorkommen, müssen sie hier ausführlich besprochen werden.

3.2.1 Personalpronomina

Die Personalpronomina der literarischen Prākṛt-Sprachen werden im Folgenden entsprechend den deutschen Entsprechungen in drei Singular- und drei Pluralpronomina unterschieden. Die 1. Person entspricht deutsch *ich* bzw. *wir*, die 2. Person deutsch *du* bzw. *ihr*, und die 3. Person deutsch *er*, *sie*, *es* bzw. *sie*.

Die Personalpronomina gleichen ebenso wie die Demonstrativa und Interrogativa vielfach den Skt.-Formen, doch gibt es, wie die folgenden Tabellen zeigen, auch erhebliche Divergenzen. Wegen ihrer statistischen Häufigkeit sind die pronominalen Formen, besonders die Demonstrativa, von großer Wichtigkeit.

An sich ist der Personenbezug bereits in die jeweiligen Verbalformen integriert. Die Personalpronomina werden jedoch gebraucht, wenn auf ihnen ein besonderer Nachdruck liegt. Die enklitischen Formen können selbstverständlich nicht am Satzanfang stehen.

Im Folgenden wird die Deklination der Personalpronomina in den einzelnen literarischen Prākṛt-Sprachen in Tabellenform gezeigt.

3.2.1.1 Personalpronomina der 1. Person

3.2.1.1.1 Ardhamāgadhī

Für den Plural lautet der Stamm *amha*.

Kasus	Singular	Plural
Nom.	*ahaṁ, maṁ*	*amhe, vayaṁ*
Akk.	*mamaṁ, maṁ, me*	*amhe, ṇe*
Instr.	*mae, me*	*amhehiṁ*
Abl.	*mamāo, matto*	*amhehiṁto*
Gen.	*mama, me*	*amhāṇaṁ, ṇo*
Lok.	*mai, maṁsi*	*amhesuṁ*

Die Beziehungen zum Skt. sind hier noch unverkennbar. Im Nom. Sg. findet sich die Form *aham*, im Akk. Sg. *mām* wieder. Im Instr. freilich erscheint *mayā* verkürzt. Der Abl. Sg. *mat* wiederum erscheint in der AMg. erweitert. Der Gen. ist sowohl in der Grundform *mama* als auch als Enklitikon *me* unverändert. Im Lok. Sg. fällt das *y* von *mayi* aus. Im Plural bleibt der Nom. unverändert. Dagegen erscheinen in den übrigen Kasus neue Formen, die u.a. auf dem Lautwandel von *sm* zu *mh* beruhen. Doch haben sich auch die meisten Endungen verändert.

3.2.1.1.2 Śaurasenī

Kasus	Singular	Plural
Nom.	*ahaṁ*	*amhe*
Akk.	*maṁ*	*amhe, ṇo*
Instr.	*mae, me*	*amhehiṁ*
Abl.	*matto, mamado*	*amhehiṁto*
Gen.	*maṁa, me*	*amhāṇaṁ, ṇo*
Lok.	*mai*	*amhesuṁ*

3.2.1.1.3 Māhārāṣṭrī

Kasus	Singular	Plural
Nom.	*ahaṁ*	*amhe*
Akk.	*mamaṁ, maṁ*	*amhe*
Instr.	*mae, me, mayā*	*amhehim*
Abl.	*maṁao*	*amhehimto*
Gen.	*maṁa, majjhaṁ, me*	*amhāṇaṁ*
Lok.	*mai, mamammi*	*amhesu*

Die Skt.-Formen sind besonders im Sg. noch gut erkennbar. Da kein Wort auf einen Konsonanten enden darf, muss sich die Mh. im Abl. Sg. mit einer Erweiterung behelfen.

3.2.1.1.4 Māgadhī

Die Māgadhī zeigt auch hier wieder bestimmte Besonderheiten:

Kasus	Singular	Plural
Nom.	*hake, hage, haṁ*	*hage, aśi*
Akk.	*maṁ*	*aśme*
Instr.	*mae, me*	*aśmehi(m)*
Abl.	*mamādo, me*	*aśmehimto*
Gen.	*mama*	*aśmāṇaṁ*
Lok.	*mai*	*aśmaśu(ṁ)*

Hier fällt besonders die Form *aśme* auf, die bereits im Ṛgveda Vorläufer hat (*asme*); auf letzterer basieren auch die pluralischen Stämme der anderen Prākṛts. Der Nom. Pl. *vayam* des Skt. ist nirgends fortgesetzt.

3.2.1.2 Personalpronomina der 2. Person

3.2.1.2.1 Ardhamāgadhī

Das Pronomen der 2. Person Sg. geht auf vedisches *tvām* zurück und spiegelt die Deklination der 1. Person wider. Der Plural-Stamm ist *tumha.*

Kasus	Singular	Plural
Nom.	*tumaṁ, tume*	*tumhe*
Akk.	*tumaṁ, te*	*tumhe*
Instr.	*tae, tue*	*tumhehiṁ*
Abl.	*tumāo*	*tumhehiṁto*
Gen.	*tuha, tava, te*	*tumhāṇaṁ*
Lok.	*tui, tumaṁsi*	*tumhesuṁ*

3.2.1.2.2 Śaurasenī

Die Ś. hat folgende Formen:

Kasus	Singular	Plural
Nom.	*tumaṁ*	*tumhe*
Akk.	*tumaṁ, te, de*	*tumhe, vo*
Instr.	*tae, tue*	*tumhehiṁ*
Abl.	*tatto*	

Kasus	Singular	Plural
Gen.	*tuha*	*tumhāṇaṁ, vo*
Lok.	*tāi*	*tumhesuṁ*

3.2.1.2.3 Māhārāṣṭrī

Die Pronomina der 2. Pers. werden in der Mh. folgendermaßen dekliniert:

Kasus	Singular	Plural
Nom.	*tumaṁ*	*tumhe, tubbhe*
Akk.	*tumaṁ, te*	*tumhe, tubbhe*
Instr.	*tae, tume, tumae, te*	*tumhehi(ṁ)*
Gen.	*tujjha(ṁ), tuha, te*	*tumhāṇa(ṁ), vo*
Lok.	*tumammi*	*tumhesu, tubbhesu*

3.2.1.2.4 Māgadhī

Die Formen der Mg. lauten wie folgt:

Kasus	Singular	Plural
Nom.	*tuṁ, taṁ*	*tumhe*
Akk.	*taṁ, tuṁ, te*	*vo*
Instr.	*tae*	*tumehi(ṁ)*
Abl.	*tatto*	*tumehiṁto*
Gen.	*tave, te*	*tumhāṇaṁ*
Lok.	*tui, tae, tuvammi*	*tumhesu(ṁ)*

3.2.1.3 Personalpronomina der 3. Person

Die Personalpronomina der 3. Person werden gewöhnlich von einem Demonstrativpronomen vertreten (entsprechend deutsch *dieser/der*; *diese/die*; *dieses/das*). Die Deklination erfolgt in allen drei Genera.

3.2.1.3.1 Ardhamāgadhī

Die Tabelle erfasst nur das maskuline Demonstrativpronomen.

Kasus	Singular	Plural
Nom.	*so, se; eso*	*te; se*
Akk.	*taṁ; eyaṁ*	*te; se*
Instr.	*teṇaṁ; eeṇaṁ*	*tehiṁ; eehiṁ*
Abl.	*tāo; eyāo*	*tehiṁto; eehiṁto*
Gen.	*tassa; eyassa*	*tesiṁ; eesiṁ*
Lok.	*taṁsi; eyaṁsi*	*tesuṁ; eesuṁ*

3.2.1.3.2 Śaurasenī

Für die Ś. kann die folgende Tabelle aufgestellt werden:

	Singular			Plural		
Kasus	**masc.**	**fem.**	**ntr.**	**masc.**	**fem.**	**ntr.**
Nom.	*so*	*sā*	*taṁ*	*te*	*tāo*	*tāiṁ*
Akk.	*taṁ*	*taṁ*	*taṁ*	*te, de*	*tāo*	*tāiṁ*
Instr.	*teṇa*	*tāe*	*teṇa*	*tehiṁ*	*tāhiṁ*	*tehiṁ*
Geṇ.	*tassa*	*tāe*	*tassa*	*tāṇaṁ*	*tāṇaṁ*	*tassa*
Lok.	*tassiṁ*	*tīe*	*tassiṁ*	*tassiṁ*		

3.2.1.3.3 Māhārāṣṭrī

In der Mh. ergibt sich die folgende Tabelle:

	Singular			Plural		
Kasus	**masc.**	**fem.**	**ntr.**	**masc.**	**fem.**	**ntr.**
Nom.	*so*	*tā*	*taṁ*	*te*	*tāo, tā*	*tāiṁ*
Akk.	*taṁ*	*taṁ*	*taṁ*	*te*	*tāo, tā*	*tāiṁ*
Instr.	*teṇa*	*tāe, tīe*	*teṇa*	*tehi(ṁ)*	*tāhi(ṁ)*	*tehi(ṁ)*
Geṇ.	*tassa*	*tāe, tīe*	*tassa*	*tāṇaṁ*	*tāṇaṁ*	*tassa*
Lok.	*tassiṁ, tammi*	*tāe, tīe*	*tassiṁ, tammi*	*tassiṁ*		

3.2.1.3.4 Māgadhī

Die Mg. hat folgende Personalpronomina in der 3. Person:

	Singular			Plural		
Kasus	**masc.**	**fem.**	**ntr.**	**masc.**	**fem.**	**ntr.**
Nom.	*śe*	*śā*	*śe, taṁ*	*te, de*	*tāo*	*tāiṁ*
Akk.	*taṁ*	*taṁ*	*taṁ*	*śe, de, te*	*tāo*	*tāiṁ, śe, de*
Abl.	*teṇa*	*tāe*	*teṇa*	*tehiṁ*	*tāhiṁ*	*tehiṁ*
Instr.	*tado*	*tado*	*tado*	*tehiṁto*	*tāhiṁto*	*tehiṁto*
Geṇ.	*taśśa, tāha*	*tāe*	*taśśa, tāha*	*teśaṁ*		*teśaṁ*
Lok.	*taśśiṁ*	*tāe*	*taśśiṁ*	*teśu*	*tāśu*	*teśu*

Fortgeführt sind also die Skt.-Stämme *tad* und *etad*; dagegen finden die Stämme *idam* und *adas* in den Prākṛts keine nennenswerte Fortsetzung.

3.2.2 Relativpronomina

Auch die Relativpronomina („welcher, welche, welches") werden in allen drei Genera dekliniert. Sie gehen durchweg auf das Skt.-Pronomen *yad* zurück.

3.2.2.1 Ardhamāgadhī

Die Formen der AMg. lauten:

	Singular			Plural		
Kasus	**masc.**	**fem.**	**ntr.**	**masc.**	**fem.**	**ntr.**
Nom.	*jo*	*jā*	*jaṁ*	*je*	*jāo*	*jāiṁ*
Akk.	*jaṁ*	*jaṁ*	*jaṁ*	*je*	*jāo*	*jāiṁ*
Instr.	*jeṇa*	*jāe*	*jeṇa*	*jehiṁ*	*jāhiṁ*	*jehiṁ*
Abl.	*jāo*	*jāo*	*jāo*	*jehiṁto*	*jāhiṁto*	*jehiṁto*
Gen.	*jassa*	*jāe*	*jassa*	*jesiṁ*	*jāsiṁ*	*jesiṁ*
Lok.	*jaṁsi*	*jāe*	*jaṁsi*	*jesuṁ*	*jāsuṁ*	*jesuṁ*

3.2.2.2 Śaurasenī

Die Ś. hat folgende Formen entwickelt:

	Singular			Plural		
Kasus	**masc.**	**fem.**	**ntr.**	**masc.**	**fem.**	**ntr.**
Nom.	*jo*	*jā*	*jaṁ*	*je*		*jāiṁ*
Akk.	*jam*	*jam*	*jaṁ*			
Instr.	*jeṇa*	*jāe*	*jeṇa*			
Gen.	*jassa*	*jāe*	*jassa*	*jāṇaṁ*		
Lok.	*jassiṁ*					

3.2.2.3 Māhārāṣṭrī

In der Mh. werden die Relativpronomina ähnlich wie die Personalpronomina dekliniert. Bezeugt sind Nom. Sg. masc. *jo*, fem. *jā*, neutr. *jaṁ*.

3.2.2.4 Māgadhī

Auch in der Mg. sind die Belege der Relativpronomina lückenhaft:

	Singular			Plural		
Kasus	**masc.**	**fem.**	**ntr.**	**masc.**	**fem.**	**ntr.**
Nom.	*yo*	*yā*	*yaṁ*	*ye*		*yāiṁ*
Akk.	*yaṁ*					
Instr.	*yeṇa*					
Gen.	*yaśśa, yāha*			*yāṇaṁ*		*yāṇaṁ*
Lok.	*yaśśiṁ*					

3.2.3 Interrogativpronomina

Auch die Fragepronomina werden in allen drei Genera dekliniert (deutsch nur *wer?*, *was?*). Der Nom. Sg. neutr. (Skt. *kim*) kann manchmal – wie im Deutschen – auch die Bedeutung „warum?“ haben.

3.2.3.1 Ardhamāgadhī

Die Formen der Interrogativpronomina in der AMg. lassen sich in folgender Tabelle zusammenfassen:

	Singular			**Plural**		
Kasus	**masc.**	**fem.**	**ntr.**	**masc.**	**fem.**	**ntr.**
Nom.	*ko*	*kā*	*kiṁ*	*ke*	*kāo*	*kāiṁ*
Akk.	*kaṁ*	*kaṁ*	*kiṁ*	*ke*	*kāo*	*kāiṁ*
Instr.	*keṇa*	*kāe*	*keṇa*	*kehiṁ*	*kāhiṁ*	*kehiṁ*
Abl.	*kāo*	*kāo*	*kāo*	*kehiṁto*	*kāhiṁto*	*kehiṁ*
Gen.	*kassa*	*kāe*	*kassa*	*kesiṁ*	*kāsiṁ*	*kesiṁ*
Lok.	*kaṁsi*	*kāe*	*kaṁsi*	*kesuṁ*	*kāsuṁ*	*kesuṁ*

Wie bei den masc. Nomina auf *-a* sind, besonders im Singular, die entsprechenden *chāyā*-Formen deutlich erkennbar. Im Sg. fem. fallen die Formen im Instr., Gen. und Lok. zusammen.

Die Formen des Interrogativpronomens werden indefinit, wenn *ci* (Skt. *cid*) oder *pi* (Skt. *api*) hinzugefügt werden: *kim pi* = „etwas“. Im Deutschen entsprechen diese Indefinita solchen mit „irgend“, im Englischen solchen mit „some“.

3.2.3.2 Śaurasenī

In der Ś. sind nur einige Formen des Interrogativpronomens belegbar:

	Singular			**Plural**		
Kasus	**masc.**	**fem.**	**ntr.**	**masc.**	**fem.**	**ntr.**
Nom.	*ko*	*kā*	*kiṁ*	*ke*	*kāo*	*kāiṁ*
Akk.	*kaṁ*	*kaṁ*	*kiṁ*			
Instr.	*keṇa*	*kāe*	*keṇa*			
Gen.	*kassa*	*kāe*	*kassa*			
Lok.	*kassiṁ*					

3.2.3.3 Māhārāṣṭrī

In der Mh. werden die Interrogativpronomina ähnlich wie die Personalpronomina dekliniert: masc. *ko*, fem. *kā*, neutr. *kiṁ*. Die Indefinita lauten masc. *kovi* (Skt. *ko'pi*), fem. *kāvi*, neutr. *kiṁpi* oder auch *koi*, *kāi*, *kiṁci*.

3.2.3.4 Māgadhī

In der Mg. sind für die Interrogativpronomina folgende Formen bezeugt:

	Singular			Plural		
Kasus	**masc.**	**fem.**	**ntr.**	**masc.**	**fem.**	**ntr.**
Nom.	*ko*	*kā*	*kiṁ*	*ke*	*kāo*	*kāiṁ*
Akk.	*kam*	*kāo*	*kiṁ*			
Instr.	*keṇa*	*kāe*	*keṇa*			
Abl.	*kiśa*					
Gen.	*kaha, kāha*		*kaha, kāha*			
Lok.	*kaśśiṁ*					

3.3 Numeralia

Wenn auch nicht ohne Lücken, so sind die Zahlwörter insgesamt doch recht gut überliefert.

3.3.1 Cardinalia

Von den zugrundeliegenden Numeralia, den Cardinalia, sollen hier nur diejenigen aufgeführt werden, die in der Literatur gelegentlich eine Rolle spielen. Verschiedentlich unterliegen diese – wie noch zu zeigen sein wird – der Deklination.

3.3.1.1 Ardhamāgadhī

In der Ardhamāgadhī wird das Zahlwort für „eins“, *ega*, *ekka* (Skt. *eka*) im Singular folgendermaßen dekliniert:

Kasus	**masc.**	**fem.**	**ntr.**
Nom.	*ege*	*egā*	*egaṁ*
Akk.	*egaṁ*	*egaṁ*	*egaṁ*
Instr.	*egena*	*egāe*	*egena*
Abl.	*egāo*	*egāo*	*egāo*
Gen.	*egassa*	*egāe*	*egassa*
Lok.	*egaṁsi*	*egāe*	*egaṁsi*

Der Nom. Pl. lautet *ege* und bedeutet „einige“, „manche“.

Die Cardinalia *do* („zwei“) , *ti* („drei“) und *cau* („vier“) kommen nur im Plural vor. Genera werden hier nicht unterschieden. Kardinalzahlen von 5 bis 18 kommen ebenfalls nur im Plural vor und werden nach dem für *paṁca* („fünf") geltenden Muster dekliniert:

Kasus	**„zwei" (*do*)**	**„drei" (*ti*)**	**„vier" (*cau*)**	**„fünf" (*paṁca*)**
Nom.	*do, doṇṇi*	*tao, tiṇṇi*	*cattāro, cattāri*	*paṁca*
Akk.	*do, doṇṇi*	*tao, tiṇṇi*	*cattāro, cattāri*	*paṁca*
Instr.	*dohiṁ*	*tīhiṁ*	*cauhiṁ*	*paṁcahiṁ*
Abl.	*dohiṁto*	*tīhiṁto*	*cauhiṁto*	*paṁcahiṁto*
Gen.	*doṇhaṁ*	*tīṇhaṁ*	*cauṇhaṁ*	*paṁcaṇhaṁ*
Lok.	*dosu*	*tīsu*	*causu*	*paṁcasu*

Die Zahlen von 19 bis 48 werden als Neutra auf *-a* angesehen, die von 59 bis 99 als Neutra auf *-i*, während die Zahlen von 49 bis 58 wie *paṁca* dekliniert werden. Nicht selten wird bei Kardinalzahlen aber auf die Deklination verzichtet.

3.3.1.2 Śaurasenī

Die Śaurasenī hat für die Deklination der Zahlen 1 bis 4 folgende Formen herausgebildet:

1: Nom. *ekka*; *ekko* (m.), *ekkā* (f.), *ekkaṁ* (n.); Instr. *ekkeṇa*; Lok. *ekkasiṁ*; Pl. *ekke* („einige");

2: Nom. und Akk. *duve*, *doṇṇi*; Instr. *duvehiṁ*, *dohi(ṁ)*; Gen. *duveṇaṁ*; Lok. *duvesu*, *dosu*;

3: Nom., Akk. masc. und fem.: *tāo*; Nom., Akk. neutr. *tiṇṇi*;

4: Nom. masc. *cattaro*; Nom. fem. *cadasso*; Nom. ntr. *cattāri*.

Weitere Cardinalia sind z. B.: 5 *paṁca*; 6 *cha*; 7 *satta*; 8 *aṭṭha*; 9 *ṇava*; 10 *dasa*; 60 *saṭṭhi*; 100 *sada*; 1000 *sahassa*. Die Zahlen von 19 bis 58 sind Neutra auf *-aṁ* oder Feminina auf *-ā*. Die Zahlen von 59 bis 99 sind Neutra auf *-iṁ* oder Feminina auf *-ī*. *sada* und *sahassa* sind Neutra und folgen der *a*-Deklination.

3.3.1.3 Māhārāṣṭrī

In der Māhārāṣṭrī bildet *ega* „eins" alle drei Genera aus: *ega*, *egā*, *egaṁ*. Auch *ekka* wird wie ein Pronomen dekliniert. Aus Skt. *dvau* „zwei" ist *do* entstanden, wie *ti* „drei" ein Neutrum. Bei „vier" ist *cattāri* (Nom. und Akk.) die häufigste Form.

Die Zahlen von 19 bis 58 sind Neutra auf *-aṁ* oder Feminina mit *-ā* im Nom. Die Zahlen von 59 bis 99 sind Neutra auf *-iṁ* oder Feminina auf *-ī*. *saya* „hundert" und *sahassa* „tausend" sind Neutra.

Die bezeugten Cardinalia der Mh. sind folgende: 1 *ega*, *ekka*; 2 *do*, *du*; 3 *ti*; 4 *cau*; 5 *paṁca*; 6 *cha*; 7 *satta*; 8 *aṭṭha*; 9 *ṇava*; 10 *dasa*; 11 *egadasa*; 12 *bārasa*; 13

terasa; 14 *caudasa*; 15 *paññarasa*; 16 *solasa*; 17 *sattarasa*; 18 *aṭṭhārasa*; 19 *auṇavīsaṁ*; 20 *vīsa*, *vīsaṁ*; 30 *tīsaṁ*; 40 *cattālīsaṁ*; 50 *paññāsaṁ*; 60 *saṭṭhī*; 70 *sattari*; 80 *asīi*; 90 *ṇaui*; 100 *saya*; 1000 *sahassa*; 10000 *ajuya*; 100000 *lakkha*.

3.3.1.4 Māgadhī

In der Māgadhī sind die Cardinalia gut ausgeprägt. Die Zahlen von 1 bis 10 sind Adjektive. Während die Zahlen von 19 bis 58 als Neutra auf *-aṁ* ausgehen und Feminina auf *-ā* bilden, enden die Zahlen von 59 bis 99 als Neutra auf *-ṁ* und bilden Feminina auf *-ī*.

Zu den Zahlen 1 bis 10 ist im einzelnen Folgendes zu sagen:

1: Nom. *ekke* (Skt. *eka*) (masc.), *ekka* (fem.), *ekkaṁ* (ntr.) wird weiter wie ein Pronomen dekliniert: Instr. *ekkeṇa*, Gen. *ekkāha*, Lok. *ekassiṁ*. Der Gen. geht also nicht auf Skt. *ekasya* zurück, sondern bildet einen typischen Māgadhīsmus;
2: *duve* und *dva* (masc.), *dvā* (fem.);
3: *tiṇṇi* (Skt. *trīṇi*) in allen Genera, obwohl eigentlich Neutrum. Im Nom. und Akk. masc. und fem. kann auch die Form *tao* gebraucht werden;
4: *cattāli* (Skt. *catvāri*) ist ntr.;
5: *paṁca* ist ein *Tatsama*.
6: *cha* (Skt. *ṣaṣ*) bildet ein fem. *chā*;
7: ist lautgesetzlich *śatta* (Skt. *sapta*); typisch sind der veränderte Sibilant und die regressive Assimilation;
8: *aṭṭha* (Skt. *aṣṭan*), ein Homonym;
9: *ṇava* (Skt. *navan*), ein *Tatsama*;
10: *daśa* (Skt. *daśan*, vgl. lateinisch *decem*) hat einen Instrumental herausgebildet: *daśehiṁ*.

Weitere bezeugte Cardinalia sind 11 *egālaha* (Skt. *ekādaśan*); 12 *bālaśa* (Skt. *dvādaśan*); 13 *telaha* (Skt. *trayodaśan*); 14 *coddaśa*, *cauddaśa* (Skt. *caturdaśan*); 15 *paññalaha* (Skt. *pañcadaśan*); 16 *śolaha* (Skt. *ṣoḍaśan*); 17 *sattalaśa* (Skt. *saptadaśan*); 18 *aṭṭhalaśa* (Skt. *aṣṭādaśan*); 19 *eguṇaviśaṁ* (Skt. *ekonaviṁśati*); 20 *vīśadi* (Skt. *viṁśati*); 21 *ekkavīśa* (Skt. *ekaviṁśati*); 22 *bāvīśa(ṁ)* (Skt. *dvāviṁśati*); 30 *tiśa(ṁ)* (Skt. *triṁśati*); 40 *cattālīśa(ṁ)* (Skt. *catvāriṁśat*); 50 *paññāśa* (Skt. *pañcāśat*); 70 *śattali* (Skt. *saptati*); 80 *aśiṁ* (Skt. *aśīti*); 90 *ṇaviṁ* (Skt. *navati*); 100 *śada* (ntr.; Skt. *śata*); 1000 *śahaśśa* (Skt. *sahasra*); 100000 *lakkha*, *laśkaṁ* (Skt. *lakṣa*).

3.3.2 Ordinalia

Alle Prākṛt-Sprachen haben zumindest für die Ordinalia von 1. bis 6. eigene Bezeichnungen. Begonnen wird hier mit der AMg. In Klammern ist die betreffende Sanskrit-*chāyā* aufgeführt.

3.3.2.1 Ardhamāgadhī

Die Ordinalia lauten: 1. *paḍhama* (Skt. *prathama*); 2. *ducca* (Skt. *dvitīya*); 3. *tacca* (Skt. *tṛtīya*); 4. *cauttha* (Skt. *caturtha*); 5. *paṁcama* (Skt. *pañcama*); 6. *chaṭṭha* (Skt. *ṣaṣṭha*). Höhere Ordinalia werden durch das Suffix *-ma* gebildet: *dasama* (Skt. *daśama*) „zehnter". Für Aufzählungen wird die Ordinalzahl in das Neutrum des Sg. gesetzt: *paḍhamaṁ* „erstens".

3.3.2.2 Śaurasenī

In der Ś. lauten die Ordinalia wie folgt: 1. *paḍhama*; 2. *dudia*; 3. *tadia*; 4. *caduttha*; 5. *pañcama*; 6. *chaṭṭha*; 7. *sattama*; 8. *aṭṭhama*; 9. *navama*; 10. *dasama*. Die Ordinalia *pañcama* und *chaṭṭha* bilden die Feminina *pañcamī* und *chaṭṭhī*. Ansonsten überwiegt die Femininbildung auf *-ā*.

3.3.2.3 Māhārāṣṭrī

Die Mh. hat etwas abweichende Formen: 1. *paḍhama*; 2. *duiya*; 3. *taiya*; 4. *cauttha*; 5. *pañcama*; 6. *chaṭṭha*.

3.3.2.4 Māgadhī

Die Ordinalia der Mg. schließlich lauten: 1. *paḍhama*; 2. *dudia* und weiter wie bei der Śaurasenī.

3.4 Adverbien, Konjunktionen und Interjektionen

3.4.1 Adverbien

Jedes Adjektiv kann als Adverb fungieren; dazu braucht es nur die Endung des Akk. Sg. neutr. anzunehmen.

Die Zahl der selbständigen Adverbien ist recht groß, und sie finden häufige Verwendung. Daher sollen die wichtigsten hier aufgelistet werden; sie entstammen sämtlich der Māhārāṣṭrī.

3.4.1.1 Lokaladverbien

Māhārāṣṭrī	**deutsch**
ettha, iha	hier
tattha	dort
jettha	wo? (relativ)
kiha	wohin?
kattha, kahiṁ	wo?, wohin?
etto	von hier
ta, tatto	von dort
katto	von wo?, woher?
savvattha	überall
savvao	von allen Seiten
diso disiṁ	überallhin
uddhaṁ	oben
bahiṁ	außerhalb, draußen
egante	abseits
antarā	unterwegs

3.4.1.2 Temporaladverbien

Māhārāṣṭrī	**deutsch**
ettāhe, iyāṇiṁ	jetzt
tā, tao, to, tāhe	dann
kāya	wann?
jāva – tāva	während – da
kayāi	irgendwann
pacchā	nachher
kallaṁ	gestern
purā	früher
paidiṇaṁ	täglich
ṇiccaṁ, sayā	immer, ständig
sahasā	plötzlich

3.4.1.3 Modaladverbien

Māhārāṣṭrī	**deutsch**
na, nā	nicht
tahā, evaṁ	ja
viya, va	wie
annahā	auf andere Weise (Skt. *anyathā*)
samaṁ	zusammen

Māhārāṣṭrī	**deutsch**
ṇiyameṇa	bestimmt, gewiss
seyaṁ	besser
kevalaṁ	nur
akāraṇeṇa	grundlos
itthaṁ	so
kahaṁ	wie?
kahavi	irgendwie
aīva, ahiyaṁ	sehr
maṇāgaṁ	wenig
pakāmaṁ	nach Wunsch
kameṇa	allmählich
bahuso	vielfach

3.4.2 Konjunktionen

Konjunktionen sind von Adverbien nicht immer scharf zu trennen. Häufig vorkommende Konjunktionen sind (die Beispiele stammen aus der Māhārāṣṭrī):

Māhārāṣṭrī	**deutsch**
ca, ya (verbindet nur Wörter, keine Sätze)	und
pi, vi, avi	auch
puṇa, uṇa	aber
kiṁ tu	jedoch
vā, ahavā	oder
hi	denn, nämlich
tahavi	dennoch
eva, viya	eben, gerade
ṇūṇaṁ	wahrlich
jeṇa	weil
taṁhā	darum, deshalb
tahā hi	nämlich

3.4.3 Interjektionen

Interjektionen – sie werden besonders häufig in den Dramen verwendet – sind:

Māhārāṣṭrī	**deutsch**
aho, ahaha, dhī	o weh!
bho, are	hallo!
dhir-atthu (mit Gen.)	pfui (über ...)!
alaṁ (mit Instr.)	genug (mit)!
ṇamo (mit Gen.)	Heil! Verehrung!

3.5 Konjugation

3.5.1 Vorbemerkungen

Die Konjugation der Prākṛt-Sprachen ist gegenüber dem Sanskrit noch stärker vereinfacht als die Deklination. Die Veränderungen sind so erheblich, dass man fast von einem Zusammenbruch des sanskritischen Konjugationssystems sprechen könnte. Anders ausgedrückt: Das Verbalsystem des Altindoarischen wurde im Mittelindoarischen noch viel stärker reduziert als das Nominalsystem. Dies war je doch keine neue Entwicklung, sondern die Fortsetzung einer bereits vorhandenen Tendenz. Erkennbar wird diese Tendenz schon im Übergang vom Vedischen zum klassischen Sanskrit. Den exzessiven Formenreichtum des Vedischen weist das Skt. – obwohl immer noch formenreich genug – nicht mehr auf. Um nur ein Beispiel zu nennen: der im Vedischen existente Konjunktiv ging im Skt. verloren.

Die Tendenz zur Vereinfachung setzt sich im Mittelindoarischen verstärkt fort. Der Schwund an Lauten zeigt sich im Wegfall des silbischen *ṛ* und der Diphthonge *ai* und *au*. Auch die Auflösung der Konsonantengruppen durch *svarabhakti* und Assimilationen wirkt in diese Richtung.

Eingesetzt hat der Abbau des Formensystems mit dem Verschwinden des Duals und insbesondere des Perfekts. Die Ursache hierfür ist nachvollziehbar. Noch heute ist das Perfekt ein Horror für jeden Indologiestudenten. Denkt man an Formen wie *tepiva* und *jagmatuḥ*, so kann man sich gut vorstellen, dass schon die damaligen Sprecher mit einem solchen Tempus ihre Probleme hatten. So gibt es etwa in der Ardhamāgadhī außer den Formen *āhu* (Sg. „er, sie sagte") und *āhaṁsu* (Pl. „sie sagten") kein Perfekt mehr.

Einmal in Gang gekommen, nahm die Reduktion schnell zu. Zunächst war der – ohnehin unbestimmte und daher entbehrliche – Aorist betroffen. Formen wie *anaiṣṭām* konnten gewiss nicht populär werden. So kam es, dass die Aoriste und das Imperfekt zusammenfielen. In diesem Prozess ging auch das Augment *a-* verloren. Mit dem Perfekt verschwand die Reduplikation, auch die der dritten Präsensklasse.

Der Verschmelzung von Imperfekt und Aoristen war keine lange Lebensdauer beschieden. Es bildete sich für die Vergangenheit nunmehr ein einfaches Präteritum heraus. Dieses wird ausgedrückt durch das passivische Präteritumspartizip (PPP) mit oder ohne Verbindung mit einem Hilfszeitwort. Die Verben bilden also nur noch drei Tempora: das Präsens, das Präteritum und das Futurum.

Die zehn Präsensklassen des Skt. existieren in den Prākṛt-Sprachen nicht mehr. Man teilt die Verben hier rein konventionell in zwei bzw. drei Klassen ein. Dabei treten an die Stelle der Wurzeln die Verbalstämme (das „Wurzelverständnis" des

Skt. war bereits im Pāli erloschen). Der Verbalstamm ergibt sich aus der 3. Pers. Präs. Sg., deren auslautendes *-i* (Skt. *-ti*) eliminiert wird. So ergibt sich für Klasse I: der Verbalstamm endet auf *-a* (dies sind die häufigsten Verben); für Klasse II: an die Stelle des *-a* tritt die Endung *-e*. Hierher gehören die Kausativa, Denominativa und (in der Mh.) einige spezielle Verben wie *suṇomi* und *karemi*. Verbalstämme auf *-a* und *-o* bilden die Klasse III, doch sind dies nur sehr wenige. In der Mehrzahl der Prākṛt-Sprachen und -Dialekte kommt man daher mit zwei Klassen aus. Übrigens setzte sich die geschilderte Tendenz zur Reduktion auch nach den Prākṛts fort. Im ganz späten Apabhraṁśa war der Schlusspunkt erreicht: hier gab es nur noch eine einzige Konjugation.

Unter den Diathesen verschwindet allmählich auch das *Ātmanepada* (Medium). In der Mg. beschränkt es sich auf die 1. Pers. Sg. Präs. Aktiv (*Parasmaipada*) und Passiv bleiben demgegenüber erhalten.

Bei den Modi geht der Konjunktiv endgültig verloren. Er wird durch den Optativ ersetzt. So bleiben als Modi nur der Indikativ, der Imperativ und der Optativ übrig.

Erhalten bleiben ferner Partizipien, der Infinitiv, das Gerundium (Absolutiv) und das Gerundivum.

Durch die genannten Reduktionen wird das Verbum finitum auf Präsens, Imperativ, Optativ und Futurum beschränkt.

3.5.2 Konjugation der *a*-Klasse (Klasse I)

3.5.2.1 Indikativ Präsens Aktiv

Da die Mehrzahl der Prākṛt-Verben einen Verbalstamm auf *-a* aufweist, ist es notwendig, sich der Konjugation der *a*-Klasse besonders ausführlich zu widmen. Zunächst gilt es, für alle literarischen Prākṛt-Sprachen den Indikativ Präsens Aktiv vorzustellen.

3.5.2.1.1 Ardhamāgadhī

In der Ardhamāgadhī entsprechen die Formen im Singular voll und ganz der Skt.-Konjugation. Sehr zu beachten ist, dass das *-ai* in der 3. Person nicht als Diphthong ausgesprochen werden darf, sondern zweisilbig *a-i* lauten muss, da hier ein intervokalischer Dental eliminiert wurde. Die erste und die zweite Person im Plural unterscheiden sich deutlich vom Skt. In der 1. Person konnte die Skt.-Endung *-aḥ* nicht beibehalten bleiben, da bekanntlich im Mittelindoarischen ein Visarga nicht mehr vorkommt. Die Endung erscheint daher durch *-o* ersetzt. In der 2. Pers. Pl. findet ein Vorgang statt, der nicht durchweg, aber dennoch häufig vorkommt, nämlich dass von einem aspirierten Konsonanten nur die Aspiration erhalten bleibt. In der 3. Pers. Pl. ist zu bemerken, dass hier keine Retroflexisation des *ṇ* stattfindet, weil es unmittelbar vor einem Dental steht. Am Beispiel von *gaccha* „gehen“ – im Skt. ist dies der Präsensstamm von *gam* – wird die Konjugation tabellarisch dargestellt.

Person	**Singular**	**Plural**
1.	*gacchāmi*	*gacchāmo*
2.	*gacchasi*	*gacchaha*
3.	*gacchai*	*gacchanti*

3.5.2.1.2 Śaurasenī

Wie der Indikativ Präsens der *a*-Klasse in der Śaurasenī konjugiert wird, zeigt die folgende Tabelle.

Person	**Singular**	**Plural**
1.	*vaṭṭāmi*	*vaṭṭāmo*
2.	*vaṭṭasi*	*vaṭṭadha*
3.	*vaṭṭadi*	*vaṭṭanti*

Das Paradigma ist hier der Stamm *vaṭṭa* „sein, existieren, werden“ (Skt. *vṛt*). Die Konjugation entspricht weitgehend derjenigen der AMg., jedoch mit zwei Ausnahmen: Die 3. Pers. Sg. eliminiert nicht den Dental der Skt.-Endung *-ti*, sondern macht ihn nur stimmhaft. Auch in der 2. Pers. Pl. wird der Dental der Skt.-Endung *-tha* beibehalten und nur in einen stimmhaften verwandelt. Ein weiteres Beispiel aus der Ś. mit einem Paradigma, das aus Skt. *pṛcchati* „fragen“ (Wurzel *prach*) hervorgeht, lautet wie folgt:

Person	**Singular**	**Plural**
1.	*pucchāmi*	*pucchāmo*
2.	*pucchasi*	*pucchadha*
3.	*pucchadi*	*pucchanti*

3.5.2.1.3 Māhārāṣṭrī

Die Māhārāṣṭrī-Konjugation der *a*-Klasse im Präsens braucht hier nicht eigens tabelliert zu werden, denn sie folgt der der Ardhamāgadhī. Auch hier sind besonders die 3. Pers. Sg. und die 2. Pers. Pl. zu beachten.

3.5.2.1.4 Māgadhī

Auch in der Māgadhī wird altindoarisches *-ti* zu *-di*, doch sind stets die sonstigen Lautwandelerscheinungen zu berücksichtigen. Als Paradigma diene wieder der Verbalstamm *vaṭṭa*. Wie man sieht, gibt es zur Deklination in der Ś. kaum Unterschiede.

Person	Singular	Plural
1.	*vaṭṭāmi*	*vaṭṭāmo*
2.	*vaṭṭaśi*	*vaṭṭadha*
3.	*vaṭṭadi*	*vaṭṭanti*

Zur Verdeutlichung der Besonderheiten der Konjugation in der Mg. sollen hier noch einige Beispiele aus dem Präsens folgen, die in der Literatur des öfteren vorkommen:

1. Pers. Sg. *puścāmi* (Skt. *pṛcchāmi*) „ich frage";
2. Pers. Sg. *dhāvaśi* (Skt. *dhāvasi*) „du läufst";
3. Pers. Sg. *yāṇādi* (Skt. *jānāti*) „er, sie, es weiß";
1. Pers. Pl. *haśāmo* (Skt. *hasāmaḥ*) „wir lachen";
3. Pers. Pl. *honti* (Skt. *bhavanti*) „sie werden".

Das Futurum wird im Abschnitt 3.5.9 besprochen.

3.5.2.2 Indikativ Präsens Medium

Oben wurde schon bemerkt, dass im Zuge der linguistischen Vereinfachung das Medium (*Ātmanepada*) fast vollständig verschwunden ist. In der Śaurasenī kommt es nur ganz selten, allenfalls in Versen, vor. Etwas öfter tritt es in der Mh., in der AMg. und in der JM. in Erscheinung. Vollständige Tabellen lassen sich meist nicht aufstellen.

3.5.2.2.1 Ardhamāgadhī

In der Ardhamāgadhī bildet der Verbalstamm *vaṭṭa* „sein, werden" (Skt. *vṛt*) folgende Formen:

Person	Singular	Plural
1.	*vaṭṭe*	
2.	*vaṭṭase*	
3.	*vaṭṭae*	*vaṭṭante*

Auf einige verstreute Formen der AMg., die hin und wieder in der Literatur vorkommen, soll noch hingewiesen werden:

1. Pers. Sg.: *manne* (Skt. *manye*) „ich denke"; *lahe* (Skt. *labhe*) „ich bekomme"; *jāṇe* „ich weiß" (aber Skt. *jānāmi*);
2. Pers. Sg.: *pabhāsase* (Skt. *prabhāṣase*) „du sprichst";
3. Pers. Sg.: *lahae* (Skt. *labhate*) „er, sie, es empfängt";
3. Pers. Pl.: *ciṭṭhante* „sie stehen" (aber Skt. *tiṣṭhanti*).

Mitunter kommt in der AMg. das Ātm. in Passivformen vor; dazu die Beispiele:

jujjae (Skt. *yujyate*) „es stimmt, es passt"; *jhijjae* (Skt. *kṣiyate*) „er, sie, es schwindet, geht unter"; *muccae* (Skt. *mucyate*) „er, sie, es wird erlöst, befreit".

3.5.2.2.2 Śaurasenī

Die Śaurasenī hat folgende Formen:

Person	Singular	Plural
1.	*vaṭṭe*	
2.	*vaṭṭase*	
3.	*vaṭṭade*	*vaṭṭante*

Auch in der Ś. finden sich Formen wie *lahe* (Skt. *labhe*) „ich bekomme" und *jāṇe* „ich weiß".

3.5.2.2.3 Māhārāṣṭrī

In der Māhārāṣṭrī finden sich Ātmanepada-Formen etwas häufiger als in der Ś. Als Paradigma diene hier der Verbalstamm *jāṇa* „wissen" (Skt. *jānāti*):

Person	Singular	Plural
1.	*jāṇe*	
2.	*jāṇase*	
3.	*jāṇe*	*jāṇante*

Vereinzelt findet sich die schwer durchschaubare Form *pecchae* (Skt. *prekṣate* „hinschauen, betrachten").

3.5.2.2.4 Māgadhī

In der Māgadhī vermag man zumindest die Endungen zu tabellieren:

Person	Singular	Plural
1.	*-e*	*-mhe, -mha*
2.	*-śe*	
3.	*-de*	*-nte*

Verstreut finden sich folgende Formen: *gāe* (Skt. *gāyāmi* „ich singe"); *lahade* (Skt. *labhate* „er, sie, es bekommt"); 2. Pers. Sg. *iścaśe* (Skt. *icchase* „du wünschst"); 1. Pers. Pl. *bhaṇamhe* (Skt. *bhaṇāmaḥ* „wir sprechen").

3.5.2.3 Optativ

Es wurde schon darauf hingewiesen, dass der vedische Konjunktiv im Optativ aufging bzw. von ihm abgelöst wurde. Der Optativ gewann dadurch an Bedeutung und eine beachtliche semantische Breite: Er drückt nicht nur einen Wunsch aus, sondern auch eine Möglichkeit („könnte“, „dürfte“) sowie auch eine höfliche Bitte. So erklärt es sich, dass die Optativformen gut überliefert und belegt sind.

Obwohl der Optativ diese große semantische Breite hat, ist er doch in den einzelnen Prākṛt-Sprachen in sehr unterschiedlicher Quantität vertreten. Häufig zu finden ist er in der AMg. und JM., seltener in der Mh. In den anderen Sprachen kommt er nur vereinzelt vor.

Morphologisch erscheint der Optativ in zwei verschiedenen Typen, die aus unterschiedlichen Sanskritformen abgeleitet sind. Aus der athematischen Konjugation abgeleitet ist er in der AMg., Mh. und JM.

3.5.2.3.1 Ardhamāgadhī

Für die AMg. mag das folgende Beispiel mit dem Paradigma *pāsa* (entspricht dem Skt.-Präsensstamm *paśya-* von *dṛś*) stehen. Die Formen gehen auf die athematische Konjugation zurück:

Person	Singular	Plural
1.	*pāsejjāmi, pāsejjā*	*pāsejjāma*
2.	*pāsejjāsi, pāsejjā*	*pāsejjāha*
3.	*pāsejjā, pāse*	*pāsejjā*

Ein weiteres Beispiel aus der AMg. mit dem Paradigma *vaṭṭa*:

Person	Singular	Plural
1.	*vaṭṭejjā*	*vaṭṭejjāma*
2.	*vaṭṭejjāsi*	*vaṭṭejjāha*
3.	*vaṭṭejjā*	*vaṭṭejjā*

Die AMg. weist auch einige abweichende Formen auf, die aber, weil sie in der Literatur häufig gebraucht werden, von Bedeutung sind. Es sind dies u.a.: *siyā* (Skt. *syāt*) „es möge sein“; *kujjā* (Skt. *kuryāt*) „er, sie, es möge tun“; *būyā* (Skt. *brūyāt*) „er, sie, es möge sprechen“.

3.5.2.3.2 Śaurasenī

Die Śaurasenī (gelegentlich auch andere Prākṛts) leiten den Optativ von der thematischen Konjugation des Skt. ab. Allerdings tritt der Optativ, der zuvor den Konjunktiv absorbiert hatte, hier sehr zurück und kommt nur noch gelegentlich in Versen vor. Zunehmend wird er seinerseits vom Imperativ verdrängt.

Dem folgenden Paradigma liegt die Skt.-Wurzel *bhū* zugrunde; in der Ś. zeigt sich der Optativstamm *bhave*:

Person	Singular	Plural
1.	*bhaveaṁ*	*bhavemha*
2.	*bhave*	*bhavedha*
3.	*bhave*	*bhave*

Im Skt. lautet die 3. Pers. Sg. *bhavet*. In der Ś. musste der konsonantische Auslaut natürlich wegfallen, so dass die Form *bhave* zustandekam. In der 2. Pers. Sg. (Skt. *bhaveḥ*) musste der Visarga wegfallen, so dass auch hier die Form *bhave* entstand.

Auch das nächste Beispiel mit dem Optativ-Paradigma von *vaṭṭa* zeigt, wie die Ś. mit der thematischen Konjugation des Skt. umgeht. Hier sind nicht alle Formen belegt.

Person	Singular	Plural
1.	*vaṭṭeaṁ*	
2.	*vaṭṭe*	
3.	*vaṭṭe*	*vaṭṭe*

3.5.2.3.3 Māhārāṣṭrī

Die Māhārāṣṭrī wiederum folgt der athematischen Konjugation des Skt. Dies wird hier anhand des Paradigmas von *puccha* „fragen" verdeutlicht:

Person	Singular	Plural
1.	*pucchejjā, pucchejjāmi*	*pucchejjāmo*
2.	*pucchejjāsi*	*pucchejjaha*
3.	*pucchejjā, pucchejja*	*pucchejjā, pucchejja*

3.5.2.3.4 Māgadhī

In der Māgadhī hat der Optativ die Suffixe *-eya-* und *-eyya-*, doch besteht eine Neigung, das Suffix zu kürzen, so dass häufig nur ein *-e-* als Optativkennzeichen übrig bleibt. Ansonsten folgt die Mg. der thematischen Konjugation des Sanskrit.

Person	Singular	Plural
1.	*bhaveaṁ* (Skt. *bhaveyam*)	
2.	*bhave* (Skt. *bhaveḥ*)	
3.	*bhave* (Skt. *bhavet*)	*bhave* (Skt. *bhaveyuḥ*)

3.5.2.4 Imperativ

Wichtiger noch als der Optativ ist der Imperativ. Der Imperativ ist nicht nur Befehlsform; das ist er am ehesten in der 2. Person. In der 1. Person bezeichnet er eine Absicht, ein Vorhaben oder einen Wunsch. In der 2. Person ist er zudem eine

Aufforderung oder eine Mahnung. In Verbindung mit der Partikel *mā* drückt er ein Verbot aus. In der 3. Person sind die Bedeutungen vielfältig; so können sie auch eine Erlaubnis (oder Aufforderung) indizieren.

3.5.2.4.1 Ardhamāgadhī

Die Darstellung mag dem Paradigma von *pāsa* (Skt. *paśyati* zu *dṛś* „sehen") in der AMg. beginnen.

Person	Singular	Plural
1.	*pāsāmu*	*pāsāmo*
2.	*pāsāsu, pāsāhi, pāsa*	*pāsaha*
3.	*pāsāu*	*pāsantu*

Während die 1. Pers. Sg. keine Skt.-*chāyā* erkennen lässt, spiegeln die 3. Personen die Skt.-Formen mit den Endungen *-tu*, *-ntu* deutlich wider. In der 2. Pers. Sg. deuten sich Formen der athematischen Konjugation (*-hi*), der thematischen Konjugation (endungslos) und des Ātm. (*-su* aus *-sva*) an.

3.5.2.4.2 Śaurasenī

Die Ś. bildet den Imperativ nach dem Paradigma von *kara* (Skt. *kṛ* „tun, machen").

Person	Singular	Plural
1.	*karemu*	*karemha*
2.	*karesu*	*karedha*
3.	*karedu*	*karentu*

Auffallend ist in der 2. Pers. Sg. wieder die Endung *-su*; sie stellt eine Saṁprasāraṇa-Variante von Skt. *-sva* dar. Mitunter kommt auch die Endung *-hi* vor, die aus der athematischen Konjugation stammt (Skt. *-dhi*).

Es folgt noch ein weiteres Beispiel aus der Ś. mit dem Verbalstamm *puccha* (Skt. *prach*, *pṛcchati* „fragen"):

Person	Singular	Plural
1.	*pucchāmu*	*pucchamha*
2.	*puccha, pucchesu*	*pucchadha*
3.	*pucchadu*	*pucchantu*

Die 1. Pers. Sg., die keine *chāyā* hat, findet sich nur bei Grammatikern. Die Form *pucchesu* der 2. Pers. Sg. ist mehrfach vertreten; außer in *karesu* „du sollst machen" (gegenüber Skt. *kuru*) erscheint sie in *kadhesu* „erzähle!" (gegenüber Skt.

kathaya). Die Endung *-mha* in der 1. Pers. Pl. ist wohl aus Skt. *-sma* entstanden und stammt damit aus einem sigmatischen Aorist.

3.5.2.4.3 Māhārāṣṭrī

Auch in der Mh. möge der Verbalstamm *puccha* als Paradigma fungieren. Auch hier ist zu beachten, dass der Ausgang *-au* in der 3. Pers. Sg. keinen Diphthong bildet, sondern zweisilbig *a-u* gesprochen werden muss. In der 2. Pers. Sg. sind wieder Formen des Aktivs und des Mediums der thematischen Konjugation zu erkennen.

Person	**Singular**	**Plural**
1.	*pucchāmu, pucchāmi*	*pucchāmo, pucchamha*
2.	*puccha, pucchasu*	*pucchaha*
3.	*pucchau*	*pucchantu*

3.5.2.4.4 Māgadhī

In der Mg. ist der Imperativ nicht ausreichend belegt, doch kann man immerhin die Endungen eruieren:

Person	**Singular**	**Plural**
1.	*-mu*	*-mo*
2.	*-Ø, -hi, -su*	*-adha, -edha*
3.	*-du*	*-ntu*

Als Beispiele folgen hier einige in der Literatur belegte Formen: Der Präsensstamm *haśa* (Skt. *has* „lachen“) bildet in der 1. Pers. Sg. *haśamu*, in der 2. Pers. Sg. *haśa* und *haśahi*, in der 3. Pers. Sg. *haśadu*. Der Präsensstamm *lakkha* (Skt. *rakṣ* „schützen“) hat in der 2. Pers. Sg. die Form *lakkhasu*. Im Plural finden sich mehrfach die folgenden Formen: 1. Person *pivāmo*, *pivamha* (Skt. *pibāma* „wir wollen trinken“; 2. Person *śuṇudha* (Skt. *śṛṇuta* „ihr sollt hören“); 3. Person *paśīdantu* (Skt. *prasīdantu* „sie sollen verzeihen“).

3.5.3 Konjugation der *e*-Klasse (Klasse II)

Der Ursprung der II. Klasse ist die 10. Präsensklasse des Skt. mit dem Suffix *-aya-*, das in den Prākṛts zu *-e-* kontrahiert wird. Zu dieser Klasse gehören die Kausativa, Denominativa und einige wenige andere Verben.

3.5.3.1 Ardhamāgadhī

In der Ardhamāgadhī sei die Konjugation am Paradigma des Verbalstamms *kahe* (Skt. *kathaya-* „erzählen“) dargelegt:

Person	Singular	Plural
1.	*kahemi*	*kahemo*
2.	*kahesi*	*kaheha*
3.	*kahei*	*kahenti*

3.5.3.2 Śaurasenī

Das folgende Konjugationsbeispiel aus der Śaurasenī beruht ebenfalls auf dem sanskritischen *kathayāmi* „ich erzähle".

Person	Singular	Plural
1.	*kadhemi*	*kadhemo*
2.	*kadhesi*	*kadhedha*
3.	*kadhedi*	*kadhenti*

3.5.3.3 Māhārāṣṭrī

In der Māhārāṣṭrī lautet der Indikativ Präsens im gleichen Paradigma exakt so wie in der AMg.:

Person	Singular	Plural
1.	*kahemi*	*kahemo*
2.	*kahesi*	*kaheha*
3.	*kahei*	*kahenti*

3.5.3.4 Māgadhī

In der Māgadhī neigen die Verben der *e*-Klasse zum Übertritt in die I. Klasse. So wird Skt. *roditi* „er, sie, es weint" zu *luadi*. Ein Beispiel für eine Skt.-Ātmanepada-Form: *ācakṣate* „er, sie, es teilt mit" wird zu *ācaśkadi*. Die Konjugation im Präsens ist mit derjenigen in der Śaurasenī identisch; nur lautet die 2. Pers. Sg. *kadheśi*, da die Mg. nur das palatale *ś* kennt.

3.5.4 Konjugation der III. Klasse

Nur um der Vollständigkeit willen, nicht wegen ihrer Bedeutung soll hier noch ein Blick auf Klasse III geworfen werden, in der man die wenigen Verben, die auf *-ā*, *-o* oder *-e* enden, zusammenfassen kann. Begonnen wird mit einem Verb, dessen Präsensstamm auf *-ā* endet: *gā* „singen" (Skt. *gai*).

3.5.4.1 Indikativ Präsens von *gā*

Der Indikativ Präsens lautet in der AMg. wie folgt:

Person	Singular	Plural
1.	*gā(yā)mi*	*gā(yā)mo*
2.	*gā(ya)si*	*gā(ya)ha*
3.	*gā(ya)i*	*gā(ya)nti*

Auch die Formen der folgenden Modi gelten für die Ardhamāgadhī.

3.5.4.2 Optativ von *gā*

Ebenfalls aus dem Paradigma von *gā*:

Person	Singular	Plural
1.	*gāejjāmi*	*gāejjāma*
2.	*gāejjāsi*	*gāejjāha*
3.	*gāejjā*	*gāejjā*

3.5.4.3 Imperativ von *gā*

Ebenfalls aus dem Paradigma von *gā*:

Person	Singular	Plural
1.	*gā(yā)mu*	*gā(yā)mo*
2.	*gā(ya)su, gā(ya)hi*	*gā(ya)ha*
3.	*gāyau*	*gāyantu*

3.5.4.4 Indikativ Präsens von *ne* und *de*

Als Beispiel für ein Verb auf *-e* diene *ne* „führen" (Skt. *nī*), ebenfalls aus der AMg.:

Person	Singular	Plural
1.	*nemi*	*nemo*
2.	*nesi*	*neha*
3.	*nei*	*nenti*

Ein weiteres Beispiel aus der AMg. für ein Verb auf *-e* ist *de* „geben" (Skt. *dā*):

Person	Singular	Plural
1.	*demi*	*demo*
2.	*desi*	*deha*
3.	*dei*	*denti*

3.5.4.5 Optativ von *ne*

Der Optativ sei wieder illustriert am Paradigma von *ne* „führen" in der AMg.:

Person	Singular	Plural
1.	*nejjāmi*	*nejjāma*
2.	*nejjāsi*	*nejjāha*
3.	*nejjā*	*nejjā*

3.5.4.5 Imperativ von *ne*

Auch der Imperativ sei am Paradigma von *ne* „führen" in der AMg. dargestellt:

Person	Singular	Plural
1.	*nemu*	*nemo*
2.	*nesu, nehi*	*neha*
3.	*neu*	*nentu*

3.5.4.6 Die III. Klasse in der Māgadhī

In der Māgadhī sind die Formen der Klasse III sehr selten und haben die nun schon bekannten Endungen. So entspricht der Präsensstamm *de* „geben" (Skt. *dā*) in der Konjugation weitgehend der AMg. Beispiel: die 1. Pers. Sg. hat *demi* (Skt. *dadāmi*), die 3. Pers. Sg. hat *dedi* statt *dei* (Skt. *dadāti*).

3.5.5 Konjugation der Verben nach den Sanskrit-Präsensklassen

3.5.5.1 Verben der 1. Sanskrit-Präsensklasse

Es wurde schon darauf hingewiesen, dass die 10 Präsensklassen des Skt. im Mittelindoarischen nicht mehr als solche identifizierbar sind. Doch hat Richard Schmidt (s. das Verzeichnis der Sekundärliteratur) mit Recht die Frage thematisiert, inwieweit die Präsensklassen des Skt. auf die Konjugation mittelindoarischer Verben eingewirkt haben. In der Tat liegt hier eine sprachgeschichtlich bedeutsame Fragestellung vor, der hier anhand von Beispielen nachgegangen werden soll.

Viele zur 1. (thematischen) Präsensklasse gehörende Skt.-Wurzeln, besonders die auf *-i* auslautenden, finden in der Śaurasenī ihren Niederschlag, natürlich stets unter Berücksichigung der phonologischen Gesetze. So wird die Form *jayati* von der Wurzel *ji* „siegen" zu *jaadi*; in der Mh. wird *jayati* zu *jaai*. Geschlossene Wurzeln wie *jīv* „leben", werden wie im Skt. konjugiert. Die 3. Pers. Sg. Skt. *jīvati* wird in der Ś. zu *jīvadi*, die 2. Pers. Sg. *jīvasi* wird in der Māgadhī zu *jīvaśi*.

Abweichend vom Skt. zeigt *kram* „schreiten" den kurzen Vokal. So hat die AMg. die 3. Pers. Sg. *kamai*, ebenso *pakkamai* „er, sie, es geht weg". Auch in der Mg. erhält *kram* den kurzen Wurzelvokal: *niṣkrāmati* „er, sie, es geht hinaus" wird zu *ṇikkamadi*.

Die Wurzel *daṁś* „beißen, stechen", die im Skt. die 3. Pers. Sg. *daśati* hat, behält manchmal den Nasal bei. So hat die Ś. hier die Form *daṁsadi*. Dagegen hat die AMg. in der 3. Pers. Pl. des Imperativs die Form *dasantu* „sie sollen beißen".

Bei den Stämmen der 1. Präsensklasse wird *-aya-* durch *-e-* ersetzt (Saṁprasāraṇa). So werden aus *nayasi* (2. Pers. Sg.) und *nayati* (3. Pers.) von *nī* „führen" in der Mh. die Formen *ṇesi* und *ṇeti*. *pariṇayati* „er heiratet" wird in der Ś. zu *pariṇedi*. Ebenso kann *-ava-* zu *-o-* werden. Die 3. Pers. Sg. *bhavati* des häufigen Verbs *bhū* „sein, werden" wird in der Ś. zu *bhodi*. Die AMg. behält häufig die ursprüngliche Form *bhavai* bei. AMg. und JM. zeigen anlautendes *h-* durch Wegfall der labialen Artikulation.

Im Skt. hat die 1. Präsensklasse manchmal einen abweichenden Präsensstamm, beispielsweise *tiṣṭha-* zu *sthā* „stehen". Diese Erscheinung setzt sich verschiedentlich fort. Statt *tiṣṭhati* (3. Pers. Sg.) hat die Ś. *ciṭṭhadi* und die Mg. *ciśṭhadi*, die AMg. wiederum hat *ciṭṭhai*.

Die Wurzel *pā* „trinken" bildet in allen Prākṛts den Präsensstamm *piva*. So hat die AMg. die 3. Pers. Sg. *pivai*, die Ś. hat dafür *pivadi* und die Mg. hat die 1. Pers. Sg. *pivāmi*.

Die Wurzel *smṛ* „sich erinnern" verliert oft das *m*; so bildet die AMg. die 3. Pers. Sg. *sarai*. Mitunter wird aber auch ein *u* infigiert. So hat die Mh. die 1. Pers. Sg. *sumarāmi*, die Ś. hat die 1. Pers. Pl. *sumarāmo*, und die Mg. hat unter Berücksichtigung ihrer besonderen Lautgesetze die 1. Pers. Sg. *śumalāmi*.

In der Mg. bilden die Wurzeln auf *-ṛ* ihren Präsensstamm mit *-ala-*. Die Formen *harāmi* und *harati* von Skt. *hṛ* „wegnehmen" werden zu *halāmi* und *haladi*. Ansonsten wurden die Wurzeln auf *-ṛ* schon bei der Besprechung der Konjugationsklasse III der Prākṛts behandelt.

3.5.5.2 Verben der 2. Sanskrit-Präsensklasse

In der 2. (athematischen) Präsensklasse des Skt. treten die Endungen unmittelbar an die Wurzel.

3.5.5.2.1 Das Präsens von *as* „sein"

Besonders wichtig ist hier das Hilfszeitwort *as* „sein" (lat. *esse*). In der Śaurasenī wird es wie folgt konjugiert (in Klammern jeweils das Skt.-Äquivalent):

Person	**Singular**	**Plural**
1.	*mhi* (*asmi*)	*mha* (*smaḥ*)
2.	*si* (*asi*)	*ttha* (*stha*)
3.	*atthi* (*asti*)	*santi* (*santi*)

Die Konjugation in der Ardhamāgadhī ist folgende:

Person	Singular	Plural
1.	*amsi, mi*	*mo, mu*
2.	*asi, si*	*ttha*
3.	*atthi*	*santi*

In der 1. Pers. Sg. findet also eine Metathese statt. Übrigens fällt das Hilfszeitwort häufig aus (wie im Russischen).

In der Māhārāṣṭrī verläuft die Konjugation so:

Person	Singular	Plural
1.	*mhi*	*mho*
2.	*si*	*ttha*
3.	*atthi*	*santi*

Außer *atthi* und *santi* sind alle Formen enklitisch.

Schließlich folgt noch die Konjugation in der Māgadhī:

Person	Singular	Plural
1.	*śmi*	*śma*
2.	*śi*	
3.	*aśti*	*śanti*

Die Form *atthi* ist in allen Prākṛts nichtenklitisch und gilt für alle Personen des Sg. und Pl.

3.5.5.2.2 Weitere relevante Verben aus der 2. Sanskrit-Präsensklasse

Das Verb *i* „gehen" wird wie im Skt. flektiert, aber Mh. und Mg. haben in der 3. Pers. Pl. die Form *enti*. Die AMg. hat in der 3. Pers. Pl. *uventi* (Skt. *upayanti* „sie kommen heran").

Auch *khyā* „schauen" wird wie im Skt. flektiert.

Die Wurzel *brū* „sprechen" generiert in der AMg. häufig mehrere Formen. Die 1. Pers. Sg. hat *bemi* (Skt. *bravīmi*), die 1. Pers. Pl. hat *būma* (Skt. *brūmaḥ*), und die 3. Pers. Pl. lautet *benti* (Skt. *bruvanti*).

Ansonsten treten die Wurzeln der 2. Präsensklasse auf *-u* und *-ū* in die 1. Klasse über. So wird die 3. Pers. Sg. von *ru* „brüllen" zu *ravai* (Skt. *rauti*).

Die Wurzel *rud* „jammern" hat in der 1. Pers. Sg. in der Mh. *ruvāmi*, in der 3. Pers. Sg. *ruai*, in der Ś. *roadi* und in der Mg. *luadi* (Skt. *roditi*, *rudati*).

Von der Wurzel *śī* „liegen" hat die AMg. in der 3. Pers. Sg. die Form *sayai* (Skt. *śete* Ātm.!) und bildet die Optative *sae* und *saejjā*.

Die Wurzel *śvas* „schnaufen" hat in der 3. Pers. Sg. in der Mh. *sasai*, in der Mg. *śaśadi* (Skt. *śvasiti*).

Bei der Wurzel *stu* „lobsingen, preisen" greift in der AMg. und in der Mh. wieder eine phonologische Regel: die 3. Pers. Sg. lautet *thuṇai* (Skt. *stauti*).

Die Wurzel *svap* „schlafen, träumen" erleidet Saṁprasāraṇa: in der Mh. lautet die 2. Pers. Sg. *suasi*, während die Ś. in der 3. Pers. Sg. *suadi* hat. Die JM. macht Gebrauch von der Svarabhakti und hat in der 1. Pers. Sg. die Form *suvāmi*.

Auch bei der Wurzel *han* „schlagen, töten" werden im Skt., da es sich um die 2. Präsensklasse handelt, die Endungen unmittelbar an die Wurzel angehängt. Die Prākṛts scheuen Konsonantenhäufungen und lösen die Skt.-Formen daher auf. So macht die Mh. in der 3. Pers. Sg. aus Skt. *hanti* das „gelockerte" *haṇai*. Auch in der AMg. und der Ś. gehen die Formen manchmal in die 1. Klasse über. Beide Sprachen haben in der 1. Pers. Sg. die Form *haṇāmi* (Skt. *hanmi*); die AMg. hat die 3. Pers. Pl. *haṇanti* (Skt. *ghnanti*).

3.5.5.3 Verben der 3. Sanskrit-Präsensklasse

Die 3. (athematische) Präsensklasse war im Skt. durch Reduplikation gekennzeichnet, die es in den Prākṛts nicht mehr gibt. Daher sind Einflüsse dieser Klasse hier nur in geringen Resten zu finden, am ehesten noch bei der Wurzel *dā* „geben".

In der Ś. wird die 1. Pers. Sg. *dadāmi* zu *demi*, und aus der 3. Pers. Sg. Imperativ *dadātu* wird *dedu*. Ähnlich wird in der Mg. *dadāmi* zu *demi*, und aus *dadāti* wird *dedi*. Ansonsten wurde die Konjugation von *dā* schon bei der Besprechung der III. Prākṛt-Konjugationsklasse erörtert.

Die Wurzel *dhā* „stellen" löst meist die Aspiration auf und flektiert dann nach der *a*-Konjugation. Wie schon im Pāli heißt die 3. Pers. Sg. *dahati* (Skt. *dadhāti*).

Die Wurzel *bhī* „fürchten" bildet in der Ś. die 1. Pers. Sg. *bhāāmi*, die 3. Pers. Sg. *bhāādi*. Die Mg. hat in der 2. Pers. Sg. die Form *bhāāśi*.

Das Verb *hā* „verlassen" entspricht in der 2. Pers. Sg. in der AMg. mit der Form *jahāsi* dem Skt. In der 3. Pers. Sg. lautet die Form, wie zu erwarten, *jahai* (Skt. *jahāti*). Die AMg. hat auch eine 1. Pers. Sg. *pajahāmi* „ich vermeide", die auf Skt. *prajahāmi* zurückgeht.

Die Wurzel *hu* „opfern" tritt in der AMg. von der 3. in die 9. Präsensklasse über und vermeidet so die Reduplikation. Im Sg. lautet die 1. Pers. *huṇāmi* (gegenüber Skt. *juhomi*), die 2. Pers. *huṇāsi* (Skt. *juhoṣi*), die 3. Pers. *huṇai* (Skt. *juhoti*).

Geradezu grotesk wirkt das Festhalten an der Reduplikation durch die AMg. in der 1. Pers. Sg., für die sie die Unform *juhuṇāmi* hat.

3.5.5.4 Verben der 4. Sanskrit-Präsensklasse

Die 4. (thematische) Präsensklasse spielt in den Prākṛts eine größere Rolle als im Skt. Nach ihr gehen mehrere Wurzeln, die im Skt. einer anderen Klasse angehören.

Die Wurzel *jan* „geboren werden, entstehen", die im Skt. als Deponens die 3. Pers. Sg. *jāyate* bildet, reduziert sich in der Mh. auf *jāai*.

Es ist des weiteren zu berücksichtigen, dass das für die 4. Klasse typische Suffix *-ya-* zu phonologischen Veränderungen führt, von denen einige hier genannt seien. So entsteht zu der Wurzel *kup* „zürnen" die 3. Pers. Sg. *kuppai* (Skt. *kupyati*), zu der Wurzel *truṭ* „bersten" *tuṭṭai* (Skt. *truṭyati*). Zu der Wurzel *naś* „zugrunde gehen" wird in der 3. Pers. Sg. in der AMg. die Form *nāsai*, in der Mh. *ṇāsai* gebildet (Skt. *naśyati*). Die phonologischen Gesetze bewirken, dass aus der Wurzel *nṛt* „tanzen" die 3. Pers. Sg. *ṇaccai* entsteht (Skt. *nṛtyati*).

Das Verb *man* „denken, meinen" bildet in der AMg. und der Mh. die 3. Pers. Sg. *manai* (Skt. *manyate*); *yudh* „kämpfen" hat die 3. Pers. Sg. *jujjhai* (Skt. *yudhyate* Ātm.) und *lubh* „begehren" *lubbhai* (Skt. *lubhyati*).

Die Wurzel *vidh* (*vyadh*) „durchbohren" geht in der AMg. und der Mh. nach der 6. Klasse unter Einbeziehung eines Nasals. So lautet die 3. Pers. Pl. in der Mh. *vindhanti*, die 3. Pers. Sg. in der AMg. *vindhai*.

Für *vraj* „wandern" verzeichnen die indischen Grammatiker *vajjadi* nach der 1. Klasse. In der Mg. kann *vraj* auch nach der 9. Klasse flektiert werden, so dass die 1. Pers. Sg. *vaññāmi* lautet. Die AMg. hat für die 1. Pers. Pl. die Form *vayāmo* und für die 3. Pers. Pl. *vayanti*. Auch die Wurzel *śram* „ermüden" wird nach der 1. Klasse flektiert. Die AMg. hat die 3. Pers. Sg. *samai* (Skt. *śrāmyati*). Allerdings kann *śram* auch im Skt. nach der 1. Präsensklasse konjugiert werden (*śramati*). Bei der Wurzel *śliṣ* „sich anlehnen" wird von Svarabhakti Gebrauch gemacht: die 3. Pers. Sg. erscheint dadurch als *silesai* (Skt. *śliṣyati*).

3.5.5.5 Verben der 5. Sanskrit-Präsensklasse

Reste der 5. Präsensklasse finden sich vorwiegend in der Śaurasenī, aber auch in anderen Prākṛts.

Die Wurzel *āp* „erlangen" kommt meist in Verbindung mit dem Skt.-Präfix *pra-* vor. So hat die AMg. die 3. Pers. Sg. *pappei* (Skt. *prāpnoti*). Die Mh. hat *pāvai*, weicht aber gelegentlich auch in die *e*-Konjugation aus: *pāvei*.

Die Wurzel *ci* „sammeln“ bildet in der AMg. die 3. Pers. Sg. *ciṇāi* (Skt. *cinoti*) oder, mit Präfix, *uvaciṇāi* (Skt. *upacinoti* „aufhäufen, einsammeln“). Die Ś. hat für die 1. Pers. Sg. *avaciṇomi* (entsprechend Skt. *avacinomi*). Mh. und Mg. flektieren *ci* auch nach der 1. Präsensklasse und bilden so die 3. Pers. Sg. *uccei* (Skt. *uccayati*).

Die Wurzel *takṣ* „schnitzen, bearbeiten“ kennt im Skt. neben der 5. auch die 1. und 2. Präsensklasse. Die AMg. folgt der 1. Klasse und bildet unter Berücksichtigung der Lautgesetze die 3. Pers. Pl. *tacchanti* (Skt. *takṣanti*).

Die Wurzel *dhū* „schütteln“ hat in der 3. Pers. Sg. der AMg. die Form *dhuṇāi* (Skt. *dhunoti*), kann aber auch – wie in der Mh. – die Form *dhuṇai* bilden.

In der Ś. erfährt die Wurzel *śak* „können“ Svarabhakti. So lautet die 1. Pers. Sg. *sakkaṇomi* (Skt. *śaknomi*). Die JM. hat in der 3. Pers. Pl. die Form *sakkenti* (Skt. *śaknuvanti*).

Die wichtige Wurzel *śru* „hören“ bildet die 1. Pers. Sg. *suṇāmi*, in der Mg. *śuṇāmi* (Skt. *śr̥ṇomi*). Die Mh. geht in die *a*-Klasse über und hat die 3. Pers. Sg. *suṇai*, die 3. Pers. Pl. *suṇanti* (Skt. *śr̥ṇvanti*). In der Mh. überwiegt die *e*-Konjugation: die 1. Pers. Sg. lautet *suṇemi* (Skt. *śr̥ṇomi*), die 3. Pers. *suṇei* (Skt. *śr̥ṇoti*). Die Mg. hat in der 3. Pers. *śuṇādi*.

Die Wurzel *str̥* „streuen“ kennt im Skt. die Präsensklassen 5, 9 und 1. In den Prākr̥ts wird meist das Skt.-Präfix *ava-* gebraucht („bestreuen, bedecken“). Die Mh. hat die 3. Pers. Sg. *ottharai* (Skt. *avastr̥ṇoti*).

3.5.5.6 Verben der 6. Sanskrit-Präsensklasse

Für die Sanskritstudierenden ist dies die am wenigsten problematische Klasse. In den Prākr̥ts werden die Verben, die wie *lip*, *lup*, *vid* und *sic* einen Nasal in den Präsensstamm einfügen, wie im Skt. behandelt. Von der Wurzel *lip* „salben, beschmieren“ bildet die AMg. in der 3. Pers. Sg. die Form *liṁpai* (Skt. *limpati*). Die Mh. hat das PPP *litta* (Skt. *lipta* „gesalbt, beschmiert“). Von der Wurzel *lup* „berauben, plündern“ hat die AMg. die 3. Pers. Sg. *luṁpai* (Skt. *lumpati*). In der Mh. erscheint die Passivform Skt. *lupyate* „er, sie, es wird beraubt“ als *luppai*. Sehr verbreitet ist die Wurzel *sic* „begießen, träufeln“. In der 3. Pers. Sg. hat die AMg. die Form *siṁcai*, die Ś. hat *siñcadi*, auch *siñcedi*, die Mh. hat wie die AMg. *siṁcai* (Skt. *siñcati*). Die Ś. bildet das PPP *sitta* (Skt. *sikta* „begossen“).

Zu der Wurzel *iṣ* „wünschen“ bilden die AMg. und die Mh. die 3. Pers. Sg. *icchai* (Skt. *icchati*). *kr̥t* „schneiden“ hat in der AMg. die 3. Pers. Sg. *kantai* (Skt. *kr̥ntati*).

Die viel gebrauchte Wurzel *kṣip* „schleudern, werfen" hat in der 3. Pers. Sg. in der AMg. wie auch in der Mh. die Form *khivai* (Skt. *kṣipati*). Die AMg. bildet für dieselbe Person auch ein Passiv *khippai* (Skt. *kṣipyate* „es wird geworfen"). In der Ś. findet sich das PPP *khitta* (Skt. *kṣipta* = geworfen).

In der Śaurasenī zeigt die Wurzel *prach* „fragen" den Verbalstamm *puccha*. Ebenso verfährt die AMg.: die 3. Pers. Sg. lautet hier *pucchai* (Skt. *pṛcchati*).

Die wichtige Wurzel *muc* „befreien, erlösen" behält in der Mh. den nasalierten Stamm und bildet in der 3. Pers. Sg. die Form *muñcai* (Skt. *muñcati*). Ebenso verhalten sich Ś. und Mg. Die Ś., die oft dem Skt. am nächsten steht, hat im Indikativ die 3. Personen *muñcadi* und *muñcanti* sowie im Imperativ die Form *muñcadu* (Skt. *muñcatu* „er soll erlösen"). Die Mg. hat die 3. Pers. Pl. *muñcanti*. Verschiedentlich wird aber auch kein Nasal infigiert. So haben AMg. und Mh. mehrfach auch die Formen *muasi* und *muai* für die 2. und 3. Pers. Sg. Die AMg. hat daneben auch *muyai* und die JŚ. sogar *muyadi*.

Von der Wurzel *spṛś* „berühren" bildet die AMg. die 3. Personen *phusai* und *phusanti* (Skt. *spṛśati* und *spṛśanti*); der Imperativ lautet *phusantu* (Skt. *spṛśantu*).

3.5.5.7 Verben der 7. Sanskrit-Präsensklasse

Die 7. (athematische) Präsensklasse hat im Skt. bekanntlich die Infixe *-na-* in den starken und *-n-* in den schwachen Formen. Die Prākṛts kennen diese Stammabstufung nicht mehr. Der einfache Nasal wird aus den schwachen Formen in die starken übertragen, und der Stamm wird nach der *a-* oder der *e*-Konjugation flektiert. Einige repräsentative Verben dieser Klasse seien hier besprochen.

Die Wurzel *chid* „abschneiden, spalten" hat in der AMg. in der 2. Pers. Sg. die Form *chindasi* (Skt. *chinatsi*), die Mh. hat in der 3. Pers. Sg. *chindai* (Skt. *chinatti*).

Bei der Wurzel *piṣ* „zerstampfen" muss man für die 3. Pers. Sg. auf Hemacandra zurückgreifen, der die Form *pīsai* angibt (Skt. *pinaṣṭi*).

Sowohl die AMg. als auch die Mh. haben in der 3. Pers. Sg. der Wurzel *bhañj* „zerbrechen, vernichten" die Form *bhañjai* (Skt. *bhanakti*). Übereinstimmung zwischen AMg. und Mh. besteht auch hinsichtlich der Wurzel *bhid* „spalten, zerbrechen": Beide haben in der 3. Pers. Sg. die Form *bhindai* (Skt. *bhinatti*).

JM. und AMg. zeigen bei der Wurzel *bhuj* „genießen, verzehren" die 3. Pers. Sg. *bhuñjai* (Skt. *bhunakti*).

Viel gebraucht sind Formen der Wurzel *yuj* „anschirren". In der Ś. kommt häufig das Passiv *jujjadi* (Skt. *yujyate*) vor. In der Bedeutung „anwenden", „in Gang bringen" hat die AMg. in der 3. Pers. Sg. die Form *juñjai* (Skt. *yunakti*), die Mh. hat ebendort *jujjai*.

Bei der Wurzel *rudh* „hemmen“ bleibt der Nasal auch in den schwachen Formen erhalten. Für die 3. Pers. Sg. hat die Ś. die Form *rundhedi* (Skt. *runaddhi*), die AMg. *rundhei*.

Die AMg. zeigt die Wurzel *hiṁs* „verletzen“ in der 3. Pers. Sg. mit der Form *hiṁsai* (Skt. *hinasti*) und in der 3. Pers. Pl. mit der Form *hiṁsanti*.

3.5.5.8 Verben der 8. Sanskrit-Präsensklasse

Auch diese Klasse ist athematisch. Im Skt. haben die starken Formen das Infix *-o-*, die schwachen Formen das Infix *-u-*. Damit ist die 8. Klasse eigentlich nicht viel mehr als eine Variation der 5. Präsensklasse. Die 8. Klasse wäre ziemlich unbedeutend, würde man ihr nicht die überaus wichtige Wurzel *kṛ* „machen, tun“ zuordnen; im Skt. hat diese den starken Stamm *karo-* und den schwachen Stamm *kuru-*. In den Prākṛts hat sie den Präsensstamm *kara*.

In der AMg. kann dieser nach der *a-* und der *e*-Konjugation flektieren. Die 1. Pers. Sg. lautet *karemi* (Skt. *karomi*), die 3. Pers. Sg. kann *karai* und *karei* lauten (Skt. *karoti*). Die AMg. hat aber noch eine andere Möglichkeit, nämlich den schwachen Stamm *kuru-* als *kurva-* in die *a*-Konjugation überzuführen. Dann lautet die 3. Pers. Sg. *kurvai*, die 3. Pers. Pl. (mit Assimilation) *kuvvanti* (Skt. *kurvanti*). Ferner bildet die AMg. für die 3. Pers. Sg. den Optativ *kujjā* (Skt. *kuryāt*).

Die Śaurasenī flektiert folgendermaßen:

Person	**Singular**	**Plural**
1.	*karemi* (Skt. *karomi*)	*karemo* (Skt. *kurmaḥ*)
2.		
3.	*karedi* (Skt. *karoti*)	*karenti* (Skt. *kurvanti*)

Ferner hat die Ś. den Imperativ der 3. Pers. Sg. *karedu* (Skt. *karotu*).

Auffallend ist, dass die Mh. die 3. Pers. Sg. folgendermaßen bildet: *kuṇai*. Diese kann nicht auf Skt. *karoti* zurückgehen, sondern nur auf vedisches *kṛṇoti*. Ähnlich haben JM. und JŚ. die Form *kuṇadi*. Dies ist von großem sprachgeschichtliehen Interesse. Daneben hat die JŚ. für die 3. Pers. Sg. auch die Form *kuvvadi*, und die JM. hat für die 3. Personen *kuvvai* und *kuvvanti*.

Die Mg. schließlich bildet einen vollständigen Singular aus:

Person	**Singular**
1.	*kalemi* (Skt. *karomi*)
2.	*kalesi* (Skt. *karoṣi*)
3.	*kaledi* (Skt. *karoti*)

Über die anderen Wurzeln der 8. Klasse ist nicht viel zu sagen. Die Ś. bildet von der Wurzel *kṣan* „verletzen“ das PPP *khada* (Skt. *kṣata* „verwundet“), und die Mh. leitet davon das neutrale Nomen *khaa* „Wunde“ ab. Die Wurzeln *tan* „dehnen“ und *san* „erlangen, gewinnen“ spielen in den literarischen Prākṛts kaum eine Rolle.

3.5.5.9 Verben der 9. Sanskrit-Präsensklasse

Die 9. Präsensklasse ist wieder athematisch. Das Skt. bildet hier einen starken Stamm mit *-nā-* und einen schwachen Stamm mit *-nī-*.

Die Wurzel *aś* „essen“ hat in der AMg. in der 3. Pers. Sg. die Form *aṇhāi* (Skt. *aśnāti*).

Die Wurzel *krī* „kaufen“ hat in der Ś. und in der Mg. den Präsensstamm *kiṇa-*. Die Grammatiker geben dazu für die 3. Pers. Sg. die AMg.-Form *kiṇai* an. Mit dem Präfix *vi-* ergibt sich in der Mh. die Form *vikkiṇai* (Skt. *vikrīṇāti* „er, sie, es verkauft, tauscht ein“). Die JM. hat die 1. Pers. Sg. *kiṇāmi* (Skt. *krīṇāmi*).

Bei der Wurzel *grah* „greifen“ haben die AMg. und die Mh. für die 3. Pers. Sg. die Form *geṇhai* (Skt. *gṛhṇāti*). Die Mh. kennt außerdem die 3. Pers. Pl. *geṇhanti*. Die Ś. hat für die 3. Pers. Sg. die Form *geṇhadi*.

Viel gebraucht ist die Wurzel *jñā* „wissen“. In der Mg. heißt die 2. Pers. Sg. *yāṇāśi* (Skt. *jānāsi*), die 3. Pers. Sg. *yāṇādi* (Skt. *jānāti*). Diese lautet in der Ś. *jāṇādi*. Die AMg. hat *jāṇai*, die Mh. *jāṇāi*. Für die 2. Pers. Sg. haben JM, AMg. und Ś. die Form *jāṇāsi*, aber auch *jāṇasi*.

Die Wurzel *pū* „reinigen“ hat in der AMg. in der 3. Pers. Sg. die Form *puṇai* (Skt. *punāti*); ähnlich hat *lū* „abschneiden, mähen“ *luṇai*.

Häufig kommt die Wurzel *bandh* „binden, fesseln“ vor. AMg. und Mh. haben für die 3. Personen im Sg. und Pl. die Formen *bandhai* (Skt. *badhnāti*) und *bandhanti*. Für die 1. Pers. Sg. hat die Ś. *bandhāmi* (Skt. *badhnāmi*).

Die Wurzel *bhaṇ* „sprechen, reden“ bildet in der 3. Pers. Sg. die Form meist *bhaṇai* (Skt. *bhaṇati*). Ś. und Mg. haben die 3. Pers. Sg. *bhaṇādi*; die Ś. hat in der 2. Pers. Sg. *bhaṇāsi*, die Mg. *bhaṇāśi*.

Für die Wurzel *manth* „quirlen, rühren, schütteln“ geben die Grammatiker für die 3. Pers. Sg. die Form *manthai* an (Skt. *mathati*, *manthati*).

3.5.5.10 Verben der 10. Sanskrit-Präsensklasse

Die Verben der (thematischen) 10. Präsensklasse haben als Kennzeichen das Suffix *-aya-*. In den Prākṛts wird dieses zu *-e-* kontrahiert. Auf diese Weise wird auch das Kausativ gebildet, das in Abschnitt 3.5.10 näher behandelt wird.

So wird Skt. *kathayati* „er, sie, es erzählt" in der Mg. zu *kadhedi*. Der Imperativ *kathayatu* wird in der Ś. zu *kadhedu*. In der Mh. wird aus Skt. *kathayati* die Form *kahei*; ebenso verfährt die AMg. Die JM. hat die 1. Pers. Sg. *kahemi*. Die Ś. stellt dem Sanskrit-Imperativ *kathaya* „erzähle!" die Form *kadhehi* gegenüber.

Die Wurzel *gaṇ* „zählen, berechnen" bildet in der Mh. die 3. Pers. Sg. *gaṇei* (Skt. *gaṇayati*), in der Ś. die 2. Pers. Sg. *gaṇesi*.

Häufiger gebraucht ist die Wurzel *cint* „nachdenken". Die Mh. hat die 2. Pers. Sg. *cintesi*, die 3. Pers. Sg. *cintei* und die 3. Pers. Pl. *cintenti*. Auch die AMg. hat die 3. Pers. Sg. *cintei*. Die Ś. hat in den 1. Personen Sg. und Pl. die Formen *cintemi* und *cintemo*.

Die Wurzel *jan* gehört entweder der 10. Klasse an oder verhält sich wie ein Kausativum; die Ś. hat die Formen *jaṇaadi* oder *jaṇedi* (Skt. *janayati* „er, sie, es bewirkt, erzeugt").

Die Wurzel *taṁs* kommt in der Mh. mit dem Präfix *ava-* vor und bildet in der 3. Pers. Pl. die Form *avataṁsaanti* (Skt. *avataṁsayanti* „sie schütten aus").

Von der Wurzel *tark* „vermuten, erwägen" bilden die Ś. und die Mg. die 1. Pers. Sg. *takkemi* (Skt. *tarkayāmi*); von der Wurzel *rac* bildet die Ś. mit dem Präfix *vi-* die 1. Pers. Sg. *viraaāmi* (Skt. *viracayāmi* „ich fertige an, ich verfasse").

3.5.6 Das Imperfekt

Das im klassischen Skt. noch lebendige Imperfekt verlor im Lauf der Sprachentwicklung das Augment und verschmolz eine Zeitlang mit dem Aorist. Das einzige Imperfekt, das sich in den Prākṛts erhalten hat, ist das von *as* „sein". Hier haben sich die Formen *āsi* und *āsī* (Skt. *āsīt*) erhalten. Diese 3. Pers. Sg. wird für alle Personen und Numeri gebraucht, aber in der Literatur nicht oft verwendet.

Die AMg. hat außerdem die Form *abbavī* (Skt. *abravīt* „er, sie, es sprach"), die auch für den Plural gebraucht werden kann. Ferner hat die AMg. die Endungen *-itthā* und *-iṁsu*, die man aber wohl besser dem Aorist zurechnet. So bildet der Präsensstamm *bhava-* (zu Skt. *bhū*) die Form *hotthā*.

3.5.7 Der Aorist

In der AMg. wird eine Vergangenheitsform ohne Augment für alle Personen im Sg. mit der Endung *-itthā*, im Pl. *-iṁsu* gebildet. Zum Präsensstamm *kara-* werden so *karitthā* und *kariṁsu* gebildet Das ist ein Überrest des sanskritischen sigmatischen Aorists.

Die AMg. bildet auch sonst für die 3. Pers. Pl. eine Aoristform mit der Endung *-iṁsu* (Skt. *-iṣuḥ*). Beispiele sind *pucchiṁsu* „sie fragten" und *hiṁsiṁsu*

„sie verletzten“. Diese Endung kann mitunter auch für andere Personen gebraucht werden.

Weitere von der AMg. gebildete Aoristformen sind *acche* zu *chid* „abschneiden“, *abbhe* zu *bhid* „spalten“ und *abhū* aus dem sanskritischen asigmatischen Wurzelaorist *abhūt*. Vom athematischen *s*-Aorist gibt es zu der Wurzel *kr̥* „machen, tun“ einen kompletten Singular:

Person	**Singular**
1.	*akārṣaṁ*
2.	*akāsī* (Skt. *akārṣīḥ*)
3.	*akāsī* (Skt. *akārṣīt*)

Aoristformen der 3. Pers. Sg. sind ferner *ṭhāsī* zu *sthā* „stehen“ und *bhuvi* zu *bhū* „sein, werden“.

3.5.8 Das Perfekt

Das Perfekt war im Skt. in erster Linie durch die Reduplikation gekennzeichnet. Diese gab es ansonsten nur noch in der 3. Präsensklasse; in den Prākr̥ts findet man sie überhaupt nicht mehr. Als einzige Perfektform erscheint in der AMg. *āhu* (Skr. *āhuḥ* „sie sprachen“). Die dazu gehörende Neubildung *āhaṁsu* kann auch für die 1. und 3. Pers. Sg. verwendet werden.

3.5.9 Das Futurum

Das Futurum ist im Unterschied zu den Vergangenheitstempora in den Prākr̥ts ein voll ausgebildetes Tempus und als solches gut überliefert. Vergleiche innerhalb der Prākr̥ts sind daher gut möglich. Im Skt. wird das Futurum durch die Suffixe *-sya* und *-iṣya* gekennzeichnet. Diese Formen setzen sich in den Prākr̥ts fort, selbstverständlich unter Berücksichtigung der phonologischen Abwandlungen.

3.5.9.1 Ardhamāgadhī

Die tabellarische Darstellung des Futurums mag wieder mit der Ardhamāgadhī begonnen werden. Als Paradigma dient *kara-* „machen, tun“.

Person	**Singular**	**Plural**
1.	*karissāmi, karissaṁ*	*karissāmo*
2.	*karissasi*	*karissaha*
3.	*karissai*	*karissanti*

Diese Bildung entspricht der des Skt. mit dem Suffix *-iṣya*. Das Fut. ist also an dem Suffix *-issa-* gut zu erkennen.

Die AMg. kann das Fut. aber noch durch ein weiteres Suffix kennzeichnen, nämlich *-ihi-*. Als Beispiel diene hier *gama* „gehen".

Person	Singular	Plural
1.	*gamihimi, gamihāmi*	*gamihimo, gamihāmo*
2.	*gamihisi*	*gamihiha*
3.	*gamihii*	*gamihinti*

Einige Verben haben für das Fut. eine besondere Basis; so verwendet *dā* „geben" den Stamm *daccha-*, *vaya* „sprechen" hat *voccha-* und *suṇ-* „hören" hat *soccha-*.

3.5.9.2 Māhārāṣṭrī

Die Māhārāṣṭrī bildet das Futurum der *a*-Klasse mit Hilfe des Skt.-Suffixes *-sya-*, hat aber auch eigene Formen generiert. Als Paradigma dient der Präsensstamm *puccha* (Skt. *prach* „fragen").

Person	Singular	Plural
1.	*pucchissaṁ, pucchissāmi*	*pucchissāmo, pucchihāmo*
2.	*pucchissasi, pucchihisi*	*pucchissaha*
3.	*pucchissai, pucchihii*	*pucchissanti, pucchihinti*

Das Futurum der *e*-Klasse lautet am Beispiel von *kahei* „erzählen" folgendermaßen:

Person	Singular	Plural
1.	*kahissāmi, kahehāmi*	*kahehāmo*
2.	*kahehisi*	
3.	*kahehii*	*kahehinti*

3.5.18.3 Śaurasenī

In der Śaurasenī schimmern die Skt.-Kennzeichen *-sya-* und *-iṣya-* ebenfalls allenthalben durch. Ausgehend vom Verbalstamm *bhava* (Skt. *bhū* „sein, werden") weist das Fut. folgende Formen auf:

Person	Singular	Plural
1.	*bhavissaṁ*	*bhavissāmo*
2.	*bhavissasi*	*bhavissadha*
3.	*bhavissadi*	*bhavissanti*

Hier gibt es eine Ausnahme: Mitunter entfällt bei dem aspirierten Anlautskonsonanten die Aspiration; dann kann die 3. Pers. Sg. die Form *havissadi* statt *bhavissadi* haben.

Ein weiteres Beispiel möge die Bildung des Fut. verdeutlichen. Zugrunde liegt der schon aus der Mh. bekannte Verbalstamm *puccha*. Das Suffix *-issa-* ist auch hier aus Skt. *-iṣya-* hervorgegangen.

Person	Singular	Plural
1.	*pucchissaṁ*	*pucchissāmo*
2.	*pucchissasi*	*pucchissadha*
3.	*pucchissadi*	*pucchissanti*

3.5.18.4 Māgadhī

In der Māgadhī machen sich die phonologischen Veränderungen stärker bemerkbar. Als Paradigma diene wieder der Verbalstamm *bhava* (zu Skt. *bhū* „sein,werden").

Person	Singular	Plural
1.	*bhaviśśāmi, bhaviśśaṁ*	*bhaviśśāmo, bhaviśśamho*
2.	*bhaviśśaśi*	*bhaviśśadha*
3.	*bhaviśśadi*	*bhaviśśanti*

3.5.10 Das Kausativum

Wie im Skt., so kann auch in den Prākṛts fast jedes Verb eine Ableitung bilden, das Kausativum. Damit wird ausgedrückt, dass das vom Verbalstamm Wiedergegebene veranlasst wird. So würde im Deutschen aus „sitzen" das Kausativum „setzen" = „sitzen lassen". Aus „wissen" würde das Kausativum „wissen lassen" = „informieren", „benachrichtigen".

Im Skt. ist das Kausativum durch das Suffix *-aya-*, nach *-ā-* durch *-paya-* gekennzeichnet. In den Prākṛts wird *-aya-* zu *-e-* kontrahiert, *-paya-* zu *-ve-*. So wird *nirvāpayati* „er lässt darbringen" zu *ṇivvāvedi*. Das Suffix *-ve-* wird in den Prākṛts vielfach verwendet, etwa auch in *pucchāvedi* (Skt. *prachayati* „er, sie lässt fragen").

3.5.10.1 Ardhamāgadhī

Ein Beispiel aus der AMg. ist *sikkhāvei* (Skt. *sikṣayati* „er, sie belehrt"). Das Verb *pāsa* „sehen" bildet das Kausativ *pāsave-* „sehen lassen", *kara* „tun, machen" bildet *kare-*. Den Kontrast zwischen einfachem Verb und Kausativ zeigt der Satz *adinnaṁ samaṇā appaṇā na geṇhanti no ya paraṁ geṇhāventi* „Nichtgegebenes nehmen Mönche selbst nicht und lassen es auch keinen anderen nehmen".

3.5.10.2 Māhārāṣṭrī

Die Mh. verfährt wie die AMg.: Skt. *hāsayati* „er, sie bringt zum Lachen“ wird zu *hāsei*, Skt. *kārayati* „er, sie lässt machen“ wird zu *kārei*. Zu dem Verbalstamm *puccha* wird in der 1. Pers. Sg. die Form *pucchāvemi* „ich lasse fragen“ gebildet.

3.5.10.3 Śaurasenī

Auch die Ś. generiert das Kausativum auf diese Weise, wobei stets die phonologischen Veränderungen zu berücksichtigen sind. Skt. *kārayati* „er, sie lässt machen“ wird so zu *kāredi*, und aus Skt. *ājñāpayati* „er lässt befehlen“ wird *āṇavedi*. Auch die Ś. kennt das Kausativ *hāsedi* (Skt. *hāsayati* „er, sie bringt zum Lachen“).

3.5.10.4 Māgadhī

Die Mg. zeigt dasselbe Procedere; nur sind die phonologischen Wandelerscheinungen hier andere: Skt. *hāsayati* wird zu *hāśedi*, Skt. *kārayati* wird zu *kāledi*. Aus *-paya-* wird auch hier *-ve-*: Skt. *likhāpayati* „er, sie lässt schreiben“ wird *lihāvedi*, und zu dem Verbalstamm *pṛccha-* wird *puścāvedi* gebildet.

3.5.11 Das Passiv

Im Skt. ist die Bildung des Passivs ziemlich unproblematisch: An die schwache Wurzel wird *-ya-* suffigiert und der entstehende Stamm wird als Ātmanepada konjugiert. In den Prākṛts wird aus dem Suffix *-ya-* entweder *-jj-* oder *-īa-* oder *-ijja-*. Die Endungen sind die der *a*-Klasse. Hier besteht also ein grundlegender Unterschied zum Skt.: Die Endungen sind nicht medial, sondern die des Parasmaipada. Nur die AMg. und die Mh. haben nicht selten die Endungen des Ātmanepada.

Die folgende Tabelle gibt für die Mh. das Passiv anhand des Paradigmas von *puccha* wieder:

Person	Singular	Plural
1.	*pucchijjāmi*	*pucchijjāmo*
2.	*pucchijjasi*	*pucchijjaha*
3.	*pucchijjai*	*pucchijjanti*

Auch die Passivformen der Ś. seien tabellarisch am selben Paradigma dargestellt:

Person	Singular	Plural
1.	*pucchīāmi*	*pucchīāmo*
2.	*pucchīasi*	*pucchīaha*
3.	*pucchīadi*	*pucchīanti*

Wie man sieht, wird in der Ś. das Suffix *-ya-* zu *-īa-*. Im allgemeinen kann man Folgendes zusammenfassen: Mh., JM. und JŚ. haben das Suffix *-ijja-*; die Ś. und die Mg. haben das Suffix *-īa-*.

Allerdings gibt es beim Passiv viele Ausnahmen und Sonderformen. Einige der wichtigsten hiervon betroffenen Verben seien hier erwähnt.

Die Ś. hat zu *dā* „geben" das Passiv *dīadi*, zu *hā* „verlassen" das Passiv *hīadi*, zu *śru* „hören" das Passiv *suṇīadi*, zu *śak* „können" das Passiv *sakkīadi*. Aus Skt. *yujyate* „es wird angeschirrt; es passt" wird in der Ś. *jujjadi*, aus Skt. *kriyate* „es wird gemacht" *karīadi*, und aus Skt. *jñāyate* „es wird gewusst, man weiß" *jāṇīadi*. Zu *rud* „weinen" gehört das Passiv *rodīadi*, und zu Skt. *svap* „schlafen, träumen" *suvīadi* (dies alles gilt für die Ś.). Zu *vac* „sprechen" wird das Passiv *vuccadi* gebildet; diese Form hat dann auch die Mg. In der Ś. bildet *sthā* „stehen" das Passiv *ciṭṭhīadi*.

Zu Skt. *kṛ* „machen, tun" bildet die Ś. das Passiv *karīadi*, die Mh. und die JM. haben *kīrai*. Zu der Skt.-Wurzel *krī* mit dem Präfix *vi-* „verkaufen" generiert die Ś. das Passiv *vikkiṇīadi*; *bandh* wird im Passiv zu *bajjhadi* (Skt. *badhyate*).

Sehr verschiedenartig wird die Wurzel *jñā* „wissen" behandelt: AMg. und Mh. bilden das Passiv *ṇajjai* (Skt. *jñāyate*), aber die Ś. hat *jāṇīadi*. Ebenso unterschiedlich wird mit der Wurzel *dṛś* „sehen" verfahren: Aus der Skt.-Form *dṛśyate* wird in der Mh. *dīsae*, in der AMg. *dīsai* und in der Ś. *dīsadi*.

bhaṇ „sprechen" hat in der Mh. das Passiv *bhaṇṇai* (Skt. *bhaṇyate*).

Aus *bhū* „sein, werden" generiert die Mg. die Passiv-Formen *bhavīadi* und *huvīadi*.

Die viel gebrauchte Wurzel *muc* „befreien, erlösen" kennt in der AMg. und in der Mh. die Passiv-Form *muccai* (Skt. *mucyate*).

Zur Wurzel *yuj* „anspannen" gehört in der Mh. das Passiv *jujjai* (Skt. *yujyate*); *labh* „erlangen" bildet in der Mh. das Passiv *labbhai* (Skt. *labhyate*).

In der AMg. lautet das Passiv von *vah* „tragen, fließen, wehen" *vubbhai* (Skt. *uhyate*); *stu* „lobsingen, preisen" hat in der Mh. das Passiv *thuvvai* (Skt. *stuyate*).

In der Mg. ist das Kennzeichen des Passivs das Suffix wie in der Ś. *-īa-*, doch gibt es viele Unregelmäßigkeiten; schon die alten Manuskripte sind nicht widerspruchsfrei. So wird Skt. *iṣyate* „es wird gewünscht" zu *iścīadi*. Die folgenden Verben wurden in anderem Zusammenhang bereits erwähnt: Skt. *bhūyate* wird zu *huvīadi*; aus Skt. *dṛśyate* wird *dīśadi* und aus Skt. *śrūyate* wird *śunīadi*. Skt. *śakyate* wird zu *śakkīadi*, und Skt. *krīyate* wird zu *kalīadi*.

Schon an dieser Stelle (später wird noch darauf zurückzukommen sein) muss betont werden, dass Passivkonstruktionen in den Prākṛts sehr beliebt waren. Einige Beispielsätze aus der AMg. mögen dies veranschaulichen:

vagghena migo diṭṭho „Vom Tiger wurde die Gazelle erblickt“. Im Deutschen würde man eher so übersetzen: „Der Tiger erblickte die Gazelle“.

sāhuṇā dhammo kahijjai „Von dem Heiligen wird die religiöse Lehre vorgetragen“ = „Der Heilige trägt die religiöse Lehre vor“.

bhārahe vāse rāyagihaṁ ṇāma ṇayaraṁ vijjai „In Bharatavarṣa (Indien) wird eine Stadt namens Rājagṛha vorgefunden“ = „In Indien gibt es eine Stadt namens Rājagṛha“ (*vijjai* ist Skt. *vidyate*).

vaṇīgameṇa annaṁ bhakkhiyaṁ „Von dem Bettler wird die Speise verzehrt“ = „Der Bettler verzehrt die Speise“.

rāmeṇa cintiyaṁ „Durch Rāma wird überlegt“ = „Rāma überlegt“.

Schon wegen dieser Ubiquität ist es notwendig, sich mit dem Passiv in den Prākṛts vertraut zu machen.

3.5.12 Denominativa

Denominativa sind Verben, die unmittelbar von einem Nomen abgeleitet werden. Im Skt. ist diese Bildung sehr einfach: an den Nominalstamm werden ein Suffix *-ya-* und die Personalendungen angefügt. Beispiel: *tapas-ya-ti* „er, sie übt Askese“. Während Denominativa im Skt. nicht sehr häufig vorkommen, sind sie in den Prākṛts stärker im Gebrauch, besonders in der Mh.

Das Skt.-Kennzeichen *-ya-* wird in den Prākṛts zu *-a-*. So hat die Ś. *garuādi* „er, sie, es wird zum Lehrer, beträgt sich wie ein Lehrer“. Aus Skt. *śītala* bildet die Ś. das Denominativ *sidalāadi*, die Mg. *śidalāadi* (Skt. *śītalayati* „abkühlen“).

Weitere Beispiele aus der Literatur sind folgende: die Mg. hat *cilāadi* (Skt. *cirayati* „säumen, zögern“), die Ś. hat *suhāadi* (Skt. *sukhayate* = „sich wohlfühlen“), und die Mh. hat *lahuei* (Skt. *laghayati* „erleichtern; vermindern“). Viele Denominativa sind onomatopoetisch, haben schallnachahmenden Charakter.

3.5.13 Partizipien

3.5.13.1 Präsenspartizipien

In diesem Abschnitt wird schwerpunktmäßig das überaus wichtige Partizipium Praeteriti Passivi = PPP behandelt. Andere Partizipien, die keine so große Bedeutung haben, sollen zunächst kurz besprochen werden.

Das Partizip des Präsens im Aktiv (PPA, deutsch beispielsweise *schlagend*, *tragend*) hat im Skt. das Suffix *-at* oder *-ant*. Außer der AMg. ersetzen alle Prākṛts das mediale Suffix *-māna* (bzw. *-mīna*) durch das aktive *-(a)nt*, das zu *-anta* erweitert wurde.

In der AMg. hat das Partizip Präsens die Ausgänge *-anta* (*-aṁta*) und *-māṇa*. Der Präsensstamm *kara* „machen, tun" bildet also die Formen *karaṁta* und *karamāṇa*, der Verbalstamm *pāsa* „sehen" bildet *pāsaṁta* und *pāsamāṇa*. Lautet die Wurzel auf *ā* aus, wird ein *y* eingeschoben; so hat *gā* „singen" *gāyanta*. Das Femininum des Aktivpartizips endet bevorzugt auf *-ī*. Der folgende Satz aus der AMg. verdeutlicht die Anwendung des Präsenspartizips: *saṁtuṭṭhamanasā dijjamāṇāiṁ dāṇāiṁ ahiyayaraṁ puṇṇaṁ pasavanti* „Mit freudigem Sinn gewährte Gaben bewirken besonders großen Tugendverdienst". In der AMg. haben die eigentlich medialen Formen *pucchamāṇo* (masc.), *pucchamāṇā* (fem.) und *pucchamāṇaṁ* (neutr.) aktive Bedeutung; darin darf man wohl einen Sanskritismus sehen.

Die Ś. bildet das Präsenspartizip mit den Ausgängen *-anto* und (fem.) *-antī*. Generell setzt sich im Lauf der Zeit immer mehr die feminine Bildung auf *-ī* durch.

Die Mh. hat die schon bekannten Formen masc. *pucchanto*, fem. *pucchantā*, neutr. *pucchantaṁ* (von *puccha*). Aber auch die Mh. kennt schon die feminine Endung auf *-ī*, so in dem verbreiteten Beispiel *saī* (Skt. *satī* „gute Frau").

Wie schon erwähnt, bevorzugt die AMg. das eigentlich mediale Suffix *-māṇa* (Skt. *-māna*) mit der Femininform *-māṇī*. Die Ś. hat ebenfalls die Form *-māṇa* im Masc. und *-māṇī* im Fem., doch sind diese Formen sehr selten. Besonders das Femininum wechselt ständig zwischen den Ausgängen *-ā* und *-ī*.

Die Mg. wiederum hat für das Präsenspartizip die Ausgänge *-ante* und (fem.) *-antī*; „fragend" heißt in der Mg. also *puścante* (Skt. *pṛcchan*).

Es ist bemerkenswert, dass die AMg. auch ein Partizip des Futurums kennt: *bhavissaṁ* (Skt. *bhaviṣyan*).

Insgesamt treten die Präsenspartizipien an Häufigkeit und Bedeutung weit zurück hinter den Partizipien Praeteriti Passivi (PPP), die nun besprochen werden.

3.5.13.2 Das Partizipium Praeteriti Passivi (PPP)

Die besondere Bedeutung dieses Partizips kann nicht stark genug betont werden. Es sei empfohlen, sich zu jedem Verbum das zugehörige PPP einzuprägen.

Im Skt. wird das PPP auf sehr einfache Weise gebildet: An die tiefstufige Wurzel wird meist das Suffix *-ta* (es entspricht dem lateinischen *-tus*) angehängt; die Femininbildung ist *-tā*. Weniger oft gebräuchlich ist das Suffix *-na* (fem. *-nā*). Bei intransitiven Verben hat das PPP aktive Bedeutung.

Wie schon mehrfach erwähnt, sind die diversen Vergangenheitsformen des Vedischen und des Skt. – das Perfekt, die Aoriste und das Imperfekt – in den Prākṛts bis auf wenige Reste verschwunden. Hier spielt nun das PPP seine wichtigste Rolle: Bereits im Ṛgveda gab es ein mit dem PPP gebildetes periphrastisches Präteritum, das sich in Kombination mit den Hilfszeitwörtern *as* und *bhū* im Skt. weiter ausbreitete; man vergleiche Skt. *gato 'smi* „ich bin gegangen" und *sa gataḥ* „er ist gegangen". Hier konnte das PPP (mit oder ohne Hilfszeitwort) als finites Verb aufgefasst werden und so das Präteritum markieren.

3.5.13.2.1 Ardhamāgadhī

In der AMg. lautet der Ausgang des PPP *-iya* oder *-ya*. *bhakkha* „essen" bildet also *bhakkhiya*; *jā* „gehen" bildet *jāya*. Für den Gebrauch in der AMg. ist folgendes Beispiel repräsentativ: *dahiṇāo disāo āgao aṁsi* „aus der südlichen Himmelsrichtung bin ich gekommen".

Wie schon im Skt., so weist das PPP auch in der AMg. zahlreiche Unregelmäßigkeiten auf. Einige der häufigsten seien bereits hier erwähnt:

Verbalstamm	**PPP**	**deutsch**
gaccha	*gaya*	gegangen
labha	*laddha*	erhalten
gā	*giya*	gesungen
haṇa	*haya*	getötet
kara	*kaya*	getan
dā	*dinna*	gegeben
pāsa	*diṭṭha*	gesehen
pavisa	*paviṭṭha*	eingetreten
vaya	*vutta*	gesprochen
jāṇa	*ṇāya*	gewusst
chiṁda	*chinna*	geschnitten
pāva	*patta*	erhalten
suṇa	*suya*	gehört
ārabha	*āraddha*	angefangen, begonnen
baṁdha	*baddha*	gebunden
paya	*pakka*	gekocht
nasa	*naṭṭha*	verdorben
tara	*tiṇṇa*	überquert
cava	*cuya*	gefallen
ne	*nīya*	geführt, gebracht
mara	*maya*	verstorben

Doch gibt es natürlich auch regelmäßige Bildungen. Hier einige Beispiele:

Verbalstamm	PPP	deutsch
hasa	*hasiya*	gelacht
bhaṇa	*bhaṇiya*	gesprochen
puccha	*pucchiya*	gefragt, befragt
rakkha	*rakkhiya*	geschützt, beschützt
ciṁta	*cintiya*	gedacht
bhakkha	*bhakkhiya*	gegessen, verzehrt
paḍa	*paḍiya*	gefallen

3.5.13.2.2 Māhārāṣṭrī und Śaurasenī

In der Mh. endet das regelmäßige PPP auf *-ya* bzw. *-iya*; ein Beispiel ist *pucchiya* (Skt. *pṛṣṭa* „gefragt, befragt"). Beispiele für den Gebrauch als Präteritum sind *saṁpūjio* (Skt. *saṁpūjitaḥ*) „er wurde geehrt" und *ārovio* (PPP von *ārovei*, dem Kausativum von *āruhai* „er wurde veranlasst zu besteigen", Skt. *āropitaḥ*). Allerdings war das PPP, wie bereits gesagt, schon im Skt. in sehr vielen Fällen unregelmäßig. Diese Unregelmäßigkeit wird in der Mh. durch die Lautgesetze noch verstärkt.

Auch das PPP der Śaurasenī beruht auf dem Skt.-Muster. Allerdings werden hier lautgesetzlich *-ta* zu *-da* und *-na* zu *-ṇa*. Wie schon im Skt. hat das PPP auch in der Ś. viele unregelmäßige Formen.

Um die Übereinstimmungen, aber auch die Unterschiede aufzuzeigen, seien einige der wichtigsten und in der Literatur häufiger vorkommenden Partizipien hier für beide Sprachen, ausgehend von den zugrunde liegenden Skt.-Bildungen, parallel aufgelistet.

Sanskrit	Śaurasenī	Māhārāṣṭrī	deutsch
akṛta	*akida*	*akaya*	nicht getan, unerledigt
ākṣipta	*akkhitta*		betroffen
acintita		*aciṁtiya*	unerwartet
ajñāta		*annāya*	unbekannt, unerkannt
atarkita		*atakkiya*	unerwartet
atigata		*aigaya*	hinübergelangt, angekomnen
atinīta		*aiṇia*	hinübergeführt
atīta		*aīya*	vergangen
atyāhita	*accāhida*		unerwünscht
adṛṣṭa		*adiṭṭha*	nicht gesehen, unbemerkt
adhiṣṭhita		*ahiṭṭhiya*	bestiegen; beherrschend
adhyāsita		*ahiyāsiya*	ausgehalten, ertragen
adhyāhata		*ajjhāhaya*	getroffen

adhyupapanna		*ajjhovavaṇṇa*	vorhanden
anavavrata		*aṇavaraya*	unaufhörlich, ununterbrochen
aniyata		*aṇiada*	unsicher; unbeschränkt
anivārita		*aṇivāriya*	ungehindert
anugṛhīta		*aṇuggahia*	gebilligt; beglückt
anuprāpta		*aṇupatta*	erreicht, erlangt
anubhūta		*aṇubhūya*	erlebt, wahrgenommen
anurakta	*aṇuratta*	*aṇuratta*	verliebt
anudvigna		*aṇuvigga*	unerschrocken
antargata		*aṁtaragaya*	hineingekommen
antarita		*aṁtariya*	verborgen
andhakārita		*aṁdhyāriya*	verfinstert, verdunkelt
apanīta	*avaṇīda*	*avaṇīya*	weggenommen, weggebracht
apahṛta		*avahariya*	weggeführt
aprāpta		*appatta*	nicht erhalten
abhigata		*abhigaya*	begriffen, verstanden
abhighāta		*ahighāa*	befallen; zerschmettert
abhinandita		*ahiṇaṁdiya*	begrüßt, gegrüßt
abhibhūta		*abhibhūya*	überwältigt
abhiśikta		*ahisitta*	(zum König) geweiht
abhiṣikta		*abhisitta*	gesalbt, geweiht
abhyāhata		*abbhāhaya*	getroffen, heimgesucht
abhyupagata		*abbhuvagaa*	eingewilligt
abhyupapanna	*abbhuvavaṇṇa*		versehen (mit)
amlāna		*aṁilāṇa*	unverwelkt
arcita	*accida*		gelobt, gepriesen
arpita		*appia*	überreicht
alakṣita	*alakkhida*	*alakkhiya*	unbemerkt
avagata		*avagaya*	hinuntergegangen; verstanden
avaguṇṭhita		*avaguṁṭiya*	verhüllt, verschleiert
avagūḍha		*avagūḍha*	verhüllt; umarmt
avacchādita		*occhāiya*	bedeckt
avatīrṇa	*odiṇṇa*	*otiṇṇa*, *avaiṇṇa*	herabgestiegen
avadāta		*avadāya*	fleckenlos, weiß
avanata		*oṇavia*	gebeugt, verneigt
avalagna		*olagga*	sich angeschlossen habend
avalambita		*avalamiya*	gestützt, gelehnt
avahita	*avahida*	*vahiya*	beobachtet, gesichtet; aufmerksam

avahṛta		*oharia*	aus der Hand gelegt
astamita		*atthaṁiya*	untergegangen (Sonne)
ākarṇita		*āyaṇṇiya*	gehört
ākīrṇa		*āiṇṇa*	bedeckt, erfüllt
ākrānta		*akkaṁta*	ergriffen, befallen
ākṣipta		*akkhitta*	festgenommen, gefesselt; betroffen
āgata		*āaa*	angekommen
ājñapta	*āṇatta*		befohlen, angeordnet
ādiṣṭa		*āiṭṭha*	angewiesen; bezeichnet
ānīta	*āṇida*	*āṇia, āṇīya*	herbeigeführt, gebracht
āpatita		*āvaḍiya*	vorgekommen, eingetreten
āpanna		*āvaṇṇa*	hingekommen, hineingeraten
ābhāṣita		*ābhāsiya*	angesprochen
ārabdha		*āraddha*	begonnen
ārūḍha		*ārūḍha*	bestiegen
ālikhita	*ālihida*		geschrieben, gezeichnet
ālīna		*ālīṇa*	selbstbeherrscht
āśvasta		*āsattha*	beruhigt, erholt
āsakta		*āsatta*	hängend (an), hingegeben
āsanna	*āsaṇṇa*		hingesetzt (in der Nähe)
āsphālita		*apphālia*	geschleudert, gestoßen
āhata		*āhaya*	geschlagen; getötet
iṣṭa		*iṭṭha*	gewünscht
īhita		*īhiya*	erstrebt, erwünscht
ukta	*utta*	*utta*	gesprochen
ucita		*uiya*	geeignet, passend
ucchiṣṭa		*ucchitta*	übrig geblieben, restlich
ucchrita		*ūsiya*	aufgerichtet, erhoben
ujjhita		*ujjhiya*	aufgegeben, verlassen
utkīrna		*ukkiṇṇa*	ausgegraben; verstreut
utkṣipta	*ukkhitta*	*ukkhitta*	hochgeworfen; aufgehoben
utkhāta		*ukkhaya*	entwurzelt, herausgerissen
utthita		*uṭṭhiya*	aufgestanden; bereit, fertig
utpanna		*uppaṇṇa*	entstanden, vorhanden
utpluta		*uppua*	aufgetaucht
utsārita		*ūsāriya*	ausgedehnt
udghuṣṭa		*ugghuṭṭha*	ausgerufen
uddiṣṭa		*uddiṭṭha*	gezeigt, gekennzeichnet
uddyotita		*ujjoiya*	erleuchtet
udyata		*ujjaya*	fleißig, bemüht

uddhāvita		*uddhāiya*	angelaufen kommend
udvigna	*uvvigga*	*uvvigga*	aufgeregt, verstört; erschrocken
unmatta		*ummatta*	berauscht; verrückt
unmukta		*ummukka*	befreit; beseitigt
upagata		*uvagaya*	herangekommen, geraten (in)
upagūḍha		*uvaūḍha*	umarmt; verborgen
upanīta		*uvaṇīya*	herbeigeführt
upapanna		*uvavaṇṇa*	entstanden
uparata		*uvaraya*	verstorben
upaviṣṭa		*uvaviṭṭha*	hingesetzt, Platz genommen
upaśānta		*uvasaṁta*	beruhigt
upasthita	*uatthia, uvaṭṭida*	*uatthia, uvaṭṭhiya*	herangekommen; bevorstehend
kathita	*kadhida*		erzählt
kāṅkṣita	*kaṁkhia*	*kaṁkhia*	erwünscht, begehrt
kālagata		*kālagaya*	verstorben
kīrṇa		*kiṇṇa*	bedeckt, bestreut
kupita	*kuvida*	*kuviya*	erzürnt
kṛta	*kada, kida*	*kaa, kaya*	gemacht, getan, erledigt
kṛtārtha	*kidattha*		seinen Zweck erreicht habend
kṛṣṭa		*kiṭṭha*	gepflügt
krānta	*kanta*	*kaṁta*	durchschritten
kruddha		*kuddha*	zornig
klānta	*kilanta*	*kilaṁta*	erschöpft, müde
klinna		*kiliṇṇa*	benässt, nass
kliṣṭa	*kiliṭṭha*	*kiliṭṭha*	ermüdet, elend; abgenutzt
kvathita		*kaḍhia*	gekocht
kṣata	*khada*		verwundet
kṣipta	*khitta*	*khitta*	geworfen
kṣīṇa	*jhīṇa*	*khīṇa*	verdorben
khāta	*khaṇida*	*khaa, khaya*	gegraben
khinna		*khiṇṇa*	gedrückt, verdrossen
gata	*gada*	*gaa, gaya*	gegangen
gṛhīta	*gahida*	*gahiya*	ergriffen, genommen
gūḍha	*gūḍha*	*gūḍha*	geheim, verhüllt
glāna	*gilāṇa*		matt, erschöpft
cintita		*ciṁtiya*	nachgedacht
cīrṇa		*ciṇṇa*	ausgeübt, durchgeführt
cumbita	*cumbia*		geküsst
codita		*coiya*	angetrieben, aufgefordert

cyuta		*cūya*	gesunken; verschwunden
channa		*chaṇṇa*	geheim, verborgen
chalita		*chaliya*	getäuscht, betrogen
chinna	*chiṇṇa*	*chiṇṇa*	abgeschnitten, gespalten
jalpita	*jappia*		gemurmelt, geplappert
jāta		*jāa, jāya*	geboren; geworden
jita		*jia, jiya*	besiegt, erobert
jīrṇa		*jiṇṇa*	alt, abgenutzt
jñāta	*ṇāda*	*ṇāa*	gewusst, verstanden
tapta	*tatta*	*tatta*	erhitzt, glühend
tuṣṭa		*tuṭṭha*	erfreut, zufrieden
tyakta	*catta*	*catta, caiya*	aufgegeben, verlassen
trasta		*taṭṭha*	zitternd, erschrocken
truṭṭa	*tuṭṭa*	*tuṭṭa*	zerfallen, geborsten
tvarita	*turida*		eilig
daṁśita	*daṁsida*		gebissen
dagdha	*daddha*	*daḍḍha*	verbrannt
datta	*diṇṇa*	*diṇṇa*	gegeben
darśita	*daṁsida*		(es hat sich) gezeigt
daṣṭa		*daṭṭha*	gebissen
duṣṭa	*duṭṭha*	*duṭṭha*	böse, sündhaft
dṛṣṭa	*diṭṭha*	*diṭṭha, daṭṭha*	gesehen, erblickt
dhṛta		*dhariya*	gehalten, gestützt
dhūta		*dhua*	geschüttelt
nata	*ṇada*		gebückt, verbeugt
naṣṭa		*ṇaṭṭha*	verdorben; verschwunden
nikṣipta	*ṇikkhitta*	*ṇikkhitta, ṇihitta*	hingestellt, niedergesetzt
nindita		*ṇiṁdiya*	getadelt
nipanna		*ṇivaṇṇa*	niedergelegt
nibhṛta	*ṇihuda*	*ṇihua*	geheim, verborgen; zuverlässig
niyantrita		*ṇiyaṁtiya*	beherrscht, gebändigt
niyukta		*ṇiutta*	begonnen; beauftragt
niruddha		*ṇiruddha*	vertrieben; verhüllt
nirgata		*ṇiggaya, ṇigaa*	hinausgegangen
nirjita	*ṇijjida*		besiegt
nirmita	*ṇimmida*	*ṇimmiya*	erbaut, errichtet
nirviṇṇa	*ṇiviṇṇa*	*ṇiviṇṇa*	betrübt, bekümmert
nirvṛta		*ṇivvuya*	ruhig, zufrieden
nivārita		*ṇivāriya*	abgewehrt; verboten

nivedita	*ṇivedida*		benachrichtigt, informiert
nivṛtta		*ṇivutta, ṇiatta*	zurückgekehrt
niśita		*ṇisiya*	gewetzt, scharf
niṣkrānta		*ṇikkaṁta*	hinausgegangen
niṣpanna		*ṇippaṇṇa*	vollendet, fertig
nihata	*ṇihada*	*ṇihaya*	niedergestoßen; getötet
nīta	*ṇīda*	*ṇīa, ṇīya*	geführt, geleitet, gebracht
necchita		*ṇecchiya*	unerwünscht
patita	*paḍida*	*paḍiya, vaḍiya*	gefallen, gestürzt
pathita	*paḍhida*		vorgetragen, zitiert
parājita		*parāiya*	besiegt, überwunden
parigata		*parigaya*	begleitet, umgeben
pariṇata		*pariṇaya*	reif; verändert, verwandelt
pariṇīta	*pariṇīda*	*pariṇīya*	verheiratet (Frau)
parituṣṭa	*parituṭṭha*		erfreut, zufrieden
paripūrṇa		*paripuṇṇa*	ganz voll
paripṛṣṭa		*paripuṭṭha*	eingehend befragt
paribhūta		*paribhūya*	besiegt; missachtet
pariśrānta		*parisaṁta*	ermüdet
pariharita		*parihariya*	verlassen; verwendet
parihīna		*parihīṇa*	vernichtet
palāyita	*palāida*	*palāya*	geflohen
paryāpta	*pajjata*	*pajjatta*	reichlich, hinreichend
pīḍita		*pīḍiya*	gequält, gepeinigt
pīta	*pīda*		getrunken
pūrṇa	*puṇṇa*		gefüllt, voll
prakalpita		*pakappiya*	eingerichtet, vorbereitet
prakīrṇa	*paiṇṇa*	*paiṇṇa*	verstreut
prakupita		*pauviya*	erzürnt
prachanna		*pachaṇṇa*	verborgen, heimlich
prajvalita	*pajjalida*		angezündet
praṇīta		*paṇīya*	bewirkt; mitgeteilt
praṇudita		*paṇollia*	verscheucht, weggestoßen
pratipanna	*paḍivaṇṇa*	*paḍivaṇṇa*	erlangt; gewährt, bewirkt
pratibaddha		*paḍibaddha*	verbunden; verhüllt
prativaddha	*paḍivaddha*		abgewehrt
pratiśruta		*paḍisuya*	versprochen, zugesagt
pratiṣṭhita		*paḍiṭṭhiya*	befindlich (in); gültig
pratihata	*paḍihaḍa*		vereitelt
pratyānīta	*paccāṇīda*		beschwichtigt

pradīpta		*palitta*	angezündet, erleuchtet
prapanna		*pavaṇṇa*	empfangen; versehen (mit)
prabhūta	*pahūda*		reichlich, zahlreich
pramatta		*pamatta*	berauscht; leichtfertig
pramudita		*pamuia*	erfreut, lustig
prayukta		*pautta*	gebraucht, verwendet
pravartita		*payaṭṭia*	begonnen
praviṣṭa	*paviṭṭha*	*paviṭṭha*	eingetreten, betreten
pravṛtta	*pautta*	*paaṭṭa*	in Gang gekommen
praśasta		*pasattha*	vortrefflich, vorzüglich
prasanna	*pasaṇṇa*	*pasaṇṇa*	rein, klar; beruhigt
prasīda		*pasīda*	beruhigt
prasūta		*pasūya*	erzeugt; geboren
prasthita		*patthiya*	aufgestellt, eingerichtet
prahīna		*pahīṇa*	geschwunden, verloren
prāpta		*patta*	erlangt, erhalten
preṣita	*pesida*		aufgefordert, gesandt, geschickt
proṣita		*pautthа*	verreist
pṛṣṭa	*pucchida, puṭṭha*	*pucchiya, puṭṭha*	befragt, gefragt
baddha	*baddha*	*baddha*	gebunden, gefesselt; verbunden
bhakta	*bhatta*	*bhatta*	zugetan, ergeben
bhagna	*bhagga*	*bhagga*	zerbrochen, vernichtet
bhaṇita	*bhaṇida*	*bhaṇiya*	gesagt, gesprochen
bhinna	*bhiṇṇa*	*bhiṇṇa*	zerbrochen; geöffnet
bhīta	*bhīda*	*bhīya*	verängstigt, erschrocken
bhukta	*bhutta*	*bhutta*	gegessen, verzehrt; verwendet
bhūta	*bhūda*	*bhūya*	entstanden, vorhanden
bhraṣṭa		*bhaṭṭha*	gestrauchelt, gestürzt
matta		*matta*	berauscht, betört, verrückt
mantrita	*mantida*		beraten
māpita		*māiya*	gemessen, abgemessen
milita	*milida*	*miliya*	zusammengetroffen, vereinigt
mukta	*mukka*	*mukka*	befreit, erlöst
mugdha	*muddha*	*mūḍha, muddha*	töricht, verwirrt
muṣṭa		*muṭṭha*	bestohlen, beraubt
mūrchita		*mucchiya*	betäubt, ohnmächtig geworden
mohita	*mohida*		verwirrt
mṛta	*muda*	*maa, maya*	verstorben, tot
mṛdita	*madda*		gequetscht, zerdrückt

mlāna	*milāṇa*	*milāṇa*	erschlafft, verwelkt
yācita		*jāiya*	gebeten, erbeten
yukta	*jutta*	*jutta*	angeschirrt; vereint; geeignet
rakta	*ratta*	*ratta*	rot gefärbt; verliebt
racita		*raiya*	verfasst, angefertigt
rata		*raya*	vergnügt; verliebt
rikta		*ritta*	leer, hohl
rugṇa		*rugga*	zerbrochen, zertrümmert
rudita	*rudida*	*ruṇṇa*	geweint
ruddha	*ruddha*	*ruddha*	aufgehalten, gehindert
ruṣṭa	*ruṭṭha*	*ruṭṭha*	zornig, wütend
rūḍha		*rūḍha*	gewachsen, gediehen
lakṣita	*lakkhida*		gesehen, wahrgenommen
lagna	*lagga*	*lagga*	anhaftend, feststeckend
labdha	*laddha*	*laddha*	erlangt, empfangen
likhita		*lihiya*	geschrieben; geritzt
lipta	*litta*	*litta*	beschmiert; gesalbt
līna	*lia*	*lia*	verschwunden
lūṇa		*lua*	geschnitten
vaśīkṛta		*vasīkaya*	unterjocht, unterworfen
vāsita		*vāsiya*	aromatisiert, gewürzt
vikasita		*viyasiya*	aufgeblüht
vikrānta		*vikkaṁta*	gewaltig
vikhyāta		*vikkhāya*	berühmt
vigalita	*vialida*	*vialia*	zerronnen, verschwunden
vighasta		*vighatta*	gegessen, verzehrt
vijñapta		*viṇṇatta*	benachrichtigt, informiert
vitīrṇa		*viiṇṇa*	verliehen, zugeteilt
vitrasta		*vitattha*	erschrocken
vidita		*viiya*	bekannt, erkannt
vinirmita		*viṇimmiya*	festgesetzt, bestimmt
vimukta	*vimukka*	*vimutta, vimukka*	befreit, erlöst
virakta		*viratta*	gleichgültig geworden, erkaltet
viracita	*viraida*		verfasst, verfertigt
virahita		*virahiya*	isoliert, einsam
virikta		*virikka*	entleert
viruddha		*viruddha*	entgegengesetzt, feindselig
vilasita	*vilasida*		erschienen
vilīna		*vilīṇa*	aufgelöst, zergangen

vilupta		*vilutta*	beraubt
viśuddha		*visuddha*	fleckenlos, makellos, rein
visaṇṇa		*visaṇṇa*	verzweifelt
visṛṣṭa		*visajjiya*	losgelassen, entlassen
vistīrṇa		*vitthiṇṇa*	ausgebreitet
vistṛta		*vitthaḍa*	ausgedehnt, weit
vihita		*vihiya*	geordnet, eingerichtet
vihīṇa		*vihīṇa*	ermangelnd
vṛtta	*vutta*	*vutta*	erfolgt, geschehen
vṛddha	*vuḍḍha*	*vuḍḍha*	gewachsen; alt
vṛṣṭa		*vuṭṭha*	beregnet
veṣṭita		*veḍhiya*	umhüllt, eingefasst
vyāpṛta		*vāvaḍa*	beschäftigt, eingesetzt
vyūḍha		*vūḍha*	getragen, befördert
śaṅkita	*saṅkita*		ängstlich, besorgt
śiṣṭa		*siṭṭha*	belehrt, unterrichtet
śuddha	*suddha*	*suddha*	sauber, makellos
śobhita		*sohiya*	gereinigt, glänzend
śruta	*suda*	*sua, suya*	gehört
saṁṛddha		*samiddha*	sehr erfolgreich, gut gelungen
saṁkīrṇa		*saṁkiṇṇa*	gemischt
saṁchaṇṇa		*saṁchaṇṇa*	bedeckt, verhüllt
saṁjñāta		*sannaya*	erkannt
saṁtuṣṭa		*saṁtuṭṭha*	zufrieden, versöhnt
saṁdiṣṭa		*saṁdiṭṭha*	verkündet; festgesetzt
saṁnihita	*saṁṇihida*	*saṇṇihiya*	benachbart; anwesend, gegenwärtig
saṁpanna		*saṁpanna*	gelungen; versehen (mit)
saṁpradatta		*saṁpadatta*	dargeboten, gewährt
saṁbhrānta		*saṁbhaṁta*	bestürzt, aufgeregt
saṁyukta		*saṁjutta*	verbunden, vereinigt
saṁruddha		*saṁruddha*	gehindert, zurückgehalten
saṁvardhita	*saṁvaḍḍida*		ernährt, großgezogen
saṁvṛtta	*saṁvutta*		erfolgt, geschehen
saṁsthita	*saṁthida*	*saṁṭhiya*	bleibend; bestehend, vorhanden
sakta		*satta*	hängend (an), begierig (auf)
samanuprāpta		*samaṇupatta*	erreicht, erlangt
samarpita	*samappida*	*samappiya*	dargeboten, gewidmet
samādiṣṭa		*samāiṭṭha*	verkündet; angewiesen
samānīta		*samāṇiya*	gebracht; vollbracht
samāpatita		*samāvaḍiya*	gestürzt; geschehen

samāpanna		*samāvaṇṇa*	erhalten, erlangt
samāpta		*samatta*	erledigt, vollbracht
samālīna		*samallīna*	benachbart, nahe
samāśvasta		*samāsattha*	getröstet, erholt
samīhita	*samīhida*	*samīhiya*	herbeigewünscht, erstrebt
samucchrita		*samūṣiya, samucchida*	aufgehoben, erhoben
samunnata		*samunnaya*	erhöht, hoch
sahita		*sahiya*	begleitet (von)
sikta		*sitta*	beträufelt
siddha		*siddha*	erreicht, gelungen; erlöst
skhalita		*khaliya*	strauchelnd, stolpernd
snigdha		*siṇiddha*	feucht, glatt
supta	*sutta*	*sutta*	ruhend, eingeschlafen
sūcita		*sūiya*	angekündigt; angezeigt
sthita	*ṭhida, thida*	*ṭhia*	stehend; befindlich an/in
snāta	*ṇhāa*	*ṇhāya*	gebadet
snāpita	*ṇāvia*		gebadet
spṛṣṭa	*puṭṭha*	*puṭṭha*	berührt
sphuṭita	*phuṭṭa*	*phuṭṭa*	geborsten, geplatzt
smṛta		*mua*	überliefert
hata	*hada*	*haya, haa*	geschlagen; getötet
hasita		*hasiya*	gelacht; ausgelacht
hita	*hida*	*hiya*	freundlich, hilfreich
hīna		*hīṇa*	verlassen, aufgegeben; fehlend
hṛta	*haa, hida*	*haḍa*	weggenommen
hṛṣṭa	*haṭṭha*	*haṭṭha, hiṭṭha*	freudig erregt, froh

3.5.22.2.4 Māgadhī

Die Māgadhī bildet das PPP nach dem Vorbild des Skt. mit den Endungen *-ta* und *-na*, natürlich unter Wahrung der phonologischen Umformungen. Da die Überlieferung bei weitem nicht so reichhaltig ist wie bei den anderen Prākṛts, genügt es hier, einige wenige Formen anzuführen. So wird Skt. *kṛta* „getan, gemacht“ zu *kada*. Skt. *gata* „gegangen“ wird zu *gada*, und aus Skt. *gṛhīta* wird *gahida*. Die Ersetzung des silbischen *ṛ* zeigt Skt. *nibhṛta* „verborgen; zuverlässig“, das zu *ṇihuda* wird. Beim nächsten Beispiel ist zu beachten, dass die Mg. von den Sibilanten nur das palatale *ś* kennt; das retroflexe *ṣ* musste also seinen Platz räumen: Aus Skt. *toṣita* „erfreut“ wurde so *tośida*. Größer und nicht so leicht nachzuvollziehen sind die Veränderungen bei einer Form wie Skt. *pṛṣṭa* „gefragt, befragt“. Die Mg. macht daraus *puścida*. Transparent ist dagegen die Umformung von Skt. *palāyita* „geflohen, entflohen“: In der Mg. wird daraus *palāida.* Eine einfache regressive Assimilation liegt bei Skt. *mukta* „befreit, erlöst“ vor, das in der Mg. zu *mukka* wird. Eine progressive Assimilation zeigt sich bei Skt. *lagna* „anhaftend, festsitzend“; daraus wird in der Mg. *lagga.*

Immer wieder muss betont werden, dass die Mg. kein *r* kennt, das es in *l* verwandelt. So auch im folgenden Beispiel: Skt. *samārohita* „bestiegen“ wird zu *śamālovida.* Assimilation und Retroflexisierung prägen das folgende Beispiel: Skt. *samutpanna* „entstanden; geboren“ wird in der Mg. zu *samuppaṇṇa* umgestaltet. Nach diesem Beispiel wird das folgende nunmehr ohne weiteres einleuchten: die Umformung von Skt. *saṃpūrṇa* „vollständig“ in die Mg.-Form *śaṁpuṇṇa.*

Eine ganz besondere Aufmerksamkeit verdient das folgende Beispiel, da es den Gang der phonologischen Veränderungen deutlich zeigt. Ausgangsform ist das sanskritische PPP *smṛta* „erinnert; überliefert“. Klar ist, dass das initiale dentale *s* in ein palatales *ś* verwandelt werden muss. Ebenso klar ist, dass das silbische *ṛ* durch einen Vokal ersetzt werden muss. Zu berücksichtigen ist ferner, dass die Mg. Konsonantenverbindungen tunlichst meidet. Hier muss also eine Anaptyxis einsetzen. Nach diesen Feststellungen ist es nun nicht mehr verwunderlich, sondern phonologisch gesetzmäßig, dass sich Skt. *smṛta* in der Mg. in *śumalida* verwandelt. Ebenso einleuchtend ist, dass das Skt.-PPP *sulagna* „gut anhaftend“ in der Mg. zu *śulagga* wird.

3.5.22.3 Das Participium necessitatis (Gerundivum)

Die hier zu behandelnde Formenkategorie wird verschieden bezeichnet. Manche Indologen sehen in ihr ein Partizip des Futurums. Treffender scheint indessen die Bezeichnung *Participium necessitatis* (Partizip der Notwendigkeit) zu sein. Worin diese Notwendigkeit besteht, wird sich sogleich zeigen. Am besten angemessen scheint dem Verf. die Bezeichnung *Gerundivum* zu sein. Die Funktion dieser Kategorie besteht darin, dass man mit dem zugrunde liegenden Verb etwas tun muss oder zu tun hat. Beispiele dazu werden im Folgenden angeführt.

Schon im Sanskrit wurde das Gerundivum häufig eingesetzt; es war dabei durch mehrere Suffixe gekennzeichnet. Die Wurzel nahm die Steigerungsstufe *guṇa* an; darauf folgte eines der Suffixe *-tavya*, *-anīya* oder *-ya.*

Es gilt nun festzustellen, ob und welche Fortsetzungen diese Suffixe in den Prakṛts gefunden haben. Da das wichtigste Suffix im Skt. *-tavya* war, soll mit diesem begonnen werden. Generell lässt sich feststellen, dass *-tavya* in der AMg. zu *-yavva*, in der Ś. und der Mg. zu *-davva* wird. Das zweitwichtigste Skt.-Suffix, nämlich *-anīya*, wird in der AMg. und der Mh. zu *-aṇijja*, in der Ś. und der Mg. zu *-aṇīa.*

3.5.22.3.1 Ardhamāgadhī

Ein Beispiel aus der AMg. verdeutlicht dies: *savve pāṇā na hantavvā*„Alle Lebewesen sind nicht zu töten“ = „Kein Lebewesen darf getötet werden“. Die andere Möglichkeit, das Gerundivum in der AMg. auszudrücken, zeigt dieses Beispiel: *je māyaraṁ ca piyaraṁ ca posenti pasaṁsaṇijjā bhavanti* „Diejenigen, die Mutter und Vater ernähren, sind sehr zu preisen“. Auch das Skt.-Suffix *-ya* findet mitunter Verwendung, jedoch unter phonologischer Abwandlung. So wird Skt. *bhavya* in der AMg. zu *bhavva*.

3.5.22.3.2 Śaurasenī

Wie bereits erwähnt, erscheinen *-tavya* und *-anīya* auch in der Ś. in umgewandelter Form. So wird Skt. *bhavitavya* zu *bhavidavva*, in manchen Dialekten zu *hodavva*. Skt. *karaṇīya* „zu tun, zu erledigen“ wird zu *karaṇīa*. Statt *praṣṭavya* „zu fragen“ findet sich *pucchaṇīa*; die Ś. kann aber auch die Form *pucchidavva* verwenden.

3.5.22.3.3 Māhārāṣṭrī

In der Mh. liegen die Verhältnisse ganz ähnlich: Skt. *-tavya* wird zu *-yavva*; *-anīya* wird zu *-aṇijja*. Zu dem Verbalstamm *puccha* können also auch hier die Formen *pucchiyavva* und *pucchaṇijja* gebildet werden. Hinsichtlich Skt. *kṛ* „machen, tun“ gibt es eine Ausnahme. Zwar ist auch hier die Form *karaṇijja* möglich, doch wird *kajja* (Skt. *kārya*) häufiger gebraucht. Die JM. hat die abweichende Form *soyavva* (Skt. *svaptavya* „zu schlafen“).

3.5.22.3.4 Māgadhī

Auch die Mg. hat alle Skt.-Suffixe lautgesetzlich verändert übernommen. *-tavya* wandelt sich zu *-davva*: Skt. *kartavya* „zu tun, zu machen“ wird zu *kādavva*. Skt. *-anīya* wird zu *-aṇīa*; so entsteht beispielsweise *vandaṇīa* (Skt. *vandanīya* „zu verehren“). Auch die Endung *-ya* wird übernommen: aus Skt. *kārya* „zu tun“ entsteht *kayya*.

3.5.22.4 Das Gerundium (Absolutiv)

Das Gerundium ist eine wichtige grammatische Kategorie. Ähnlich wie beim Gerundivum gehen auch hier die Meinungen der Indologen über die angemessene Bezeichnung auseinander. Offenbar zur Vermeidung der Verwechslung von *Gerundium* und *Gerundivum* hat sich allmählich die Bezeichnung Absolutiv durchgesetzt.

Das Absolutiv vertritt temporale Nebensätze, die im Deutschen mit „als", „nachdem", „indem" oder „während" eingeleitet würden; der Zusammenhang ist jeweils entscheidend. Erscheinen mehrere Absolutiva in Reihe (was besonders im Pāli vorkommt), so lassen sich die betreffenden Verben oft einfach mit „und" verbinden.

Auch hier empfiehlt es sich, vom Sanskrit auszugehen. Das Skt. hält für die Absolutiva mehrere Suffixe bereit, nämlich *-tvā*, *-ya* und *-tya*. *-tvā* wird bei einfachen Wurzeln verwendet und tritt häufig auf. Ist die Wurzel aber mit einem Präfix zusammengesetzt, so gilt das Suffix *-ya*. *-tya* tritt an zusammengesetzte Wurzeln, die auf einen kurzen Vokal auslauten. Die Bildung auf *-tvā* hat im Skt. und besonders im Pāli eine große Rolle gespielt. Im Unterschied zum Skt. gelten in den Prākṛts die Suffixe für Ableitungen von der Wurzel auch für Kombinationen mit einem Präfix.

3.5.22.4.1 Ardhamāgadhī

In der Ardhamāgadhī setzt sich das Suffix *-tvā* fort; hier wird es zu *-ttā*. Beispiele sind *vandittā* „verehrt habend" oder *bhavittā* „geworden". Gelegentlich wird das Suffix zu *-tā* verkürzt: *mantā* (Skt. *matvā* „überlegt habend"), *hantā* (Skt. *hatvā* „getötet habend"); *karittā* (Skt. *kṛtvā* = getan habend); *gantā* (Skt. *gatvā* „gegangen seiend").

Ein weiteres wichtiges Suffix der AMg. ist *-ūṇa*, auch *-iūṇa*. „Gefragt habend" würde also (mit einem den Hiatus vermeidenden *d*) *pucchidūṇa* (Skt. *pṛṣṭvā*) lauten. Ein vollständiger Satz soll als Beispiel dienen: *putto silogaṁ suṇiūṇa pucchai* (Skt. *putraḥ ślokaṁ śrutvā pṛcchati* „Nachdem der Sohn den Vers gehört hat, fragt er".

Es sei noch erwähnt, dass die AMg. das Skt.-Suffix *-tvā* manchmal auch zu *-ccā* verändert. So wird Skt. *bhūtvā* „entstanden seiend" zu *hoccā*, *hītvā* „verlassen habend" zu *hiccā*, *śrutvā* „gehört habend" zu *soccā*.

3.5.22.4.2 Śaurasenī

Die Śaurasenī beschränkt ihr Suffix auf *-a* oder *-ia* – natürlich stets unter Berücksichtigung der phonologischen Verhältnisse. So hat die Ś. die Bildungen *bhavia* (Skt. *bhūtvā* = „geworden seiend"), *kadua* (Skt. *kṛtvā* „getan habend"), *gadua* (Skt. *gatvā* „gegangen seiend"), *geṇhia* (Skt. *gṛhītvā* „ergriffen habend"), *pucchia* (Skt. *pṛṣṭvā* „gefragt habend") und *avaṇīa* (Skt. *apanīta* „weggebracht habend").

In der JŚ. wiederum herrscht das Suffix *-ttā* vor. Ein Beispiel ist *cattā* (Skt. *tyaktvā* „verlassen habend").

3.5.22.4.3 Māhārāṣṭrī

In der Mh. ist am gebräuchlichsten das Suffix *-ūṇa*, auch *-iūṇa*: *pucchiūṇa* (Skt. *pṛṣṭvā* „gefragt habend"), *hasiūṇa* (Skt. *hasitvā* „gelacht habend"), *gantūṇa* (Skt. *gatvā* „gegangen seiend"), *pāūṇa* (Skt. *pītvā* „getrunken habend"), *kaūṇa* (Skt. *kṛtvā* „getan habend").

3.5.22.4.4 Māgadhī

Die Māgadhī hat alle schon bekannten Suffixe übernommen und benutzt diese wahlweise. *-dua* findet sich in *kadua* (Skt. *kṛtvā* „getan habend"), *-ia* in *gaścia* (Skt. *gatvā* „gegangen seiend"), *-ūṇa* in *gantūṇa* (Skt. *gatvā* „gegangen seiend") und *hasiūṇa* (Skt. *hasitvā* „gelacht habend"). Unter den drei Suffixen ist *-ūṇa* das meistgebrauchte. Bei den Formen auf *-dua* zeigen sich (wie auch sonst) deutliche Ähnlichkeiten mit der Ś. Darüber hinaus hat die Mg. bekanntlich spezielle phonologische Veränderungen erfahren. Ein Beispiel ist die Form *odalia* (Skt. *avatīrya* „herabgestiegen").

3.5.22.5 Der Infinitiv

Der Infinitiv dient dazu, eine Absicht oder einen Zweck zu bezeichnen. Im Skt. nimmt die Wurzel *guṇa* an; daran tritt das Suffix *-tum*. So ergeben sich Formen wie *dātum* „zu geben", *śrotum* „zu hören" (von *śru*), *bhavitum* „zu werden" (von *bhū*). Häufig tritt ein *i* vor dem *-tum* in Erscheinung: *patitum* „zu fallen". Das Suffix *-tum* hat eine lange Geschichte, die bis ins Vedische zurückreicht. Grundlage ist ein Nominalstamm auf *-tu-*, der deklinierbar war. Im Vedischen bildeten sich daraus die Infinitivformen auf *-tave* / *-tavai*, *-toḥ* und andere; *-tum* ist ursprünglich der Akk. Sg. des Verbalnomens auf *-tu-*.

3.5.22.5.1 Ardhamāgadhī

Die AMg. hat mehrere Möglichkeiten, einen Infinitiv zu bilden. Auf Skt. *-tum* geht die Endung *-iuṁ* zurück: *pāsiuṁ* „um zu sehen". Verbreitet sind aber auch die Suffixe *-ittae* und *-ettae*: *pāsettae* „um zu sehen". Verbalstämme auf *-a*, *-e* und *-o* erhalten einfach die Endung *-uṁ*: *dāuṁ* „um zu geben". Aber *vac* „sprechen" bildet *vattuṁ*, und aus Skt. *kartum* wird *kāuṁ* „um zu tun". Ein Satzbeispiel aus der AMg. wäre *so bhikkhaṁ laddhuṁ arihai* „er verdient es, Almosen zu erhalten".

3.5.22.5.2 Śaurasenī

Ähnlich verfährt die Śaurasenī. Hier wird die Skt.-Endung *-tum* zu *-duṁ* umgeformt. Wie die phonologischen Regeln wirken, zeigt anhand einiger Beispiele die nachstehende Tabelle.

Sanskrit-Wurzel	deutsch	Śaurasenī-Infinitiv
kṛ	machen, tun	*kāduṁ, kariduṁ*
kṣip	werfen	*khividuṁ*
gam	gehen	*gacchiduṁ, gamiduṁ*
grah	greifen	*geṇhiduṁ*
jñā	wissen	*jāṇiduṁ*
prach	fragen	*pucchiduṁ*
bhū	sein, werden	*bhaviduṁ*
vac	sprechen	*vattuṁ*
sthā	stehen	*ṭhāduṁ*
dah	verbrennen	*dahiduṁ*

3.5.22.5.3 Māhārāṣṭrī

Auch in der Māhārāṣṭrī sind die Infinitivendungen *-uṁ* und *-iuṁ*:

Sanskrit-Infinitiv	deutsch	Māhārāṣṭrī-Infinitiv
praṣṭum	um zu fragen	*pucchiuṁ*
kartum	um zu tun	*kāuṁ*
draṣṭum	um zu sehen	*daṭṭhuṁ*
śrotum	um zu hören	*souṁ*
bhoktum	um zu genießen	*bhottuṁ*

3.5.22.5.4 Māgadhī

In der Māgadhī ist *-iduṁ* der am meisten gebrauchte Infinitivausgang:

Sanskrit-Infinitiv	deutsch	Māgadhī-Infinitiv
gantum	um zu gehen	*gamiduṁ*
kartum	um zu tun	*kaliduṁ, kāduṁ*
śrotum	um zu hören	*śuniduṁ*
praṣṭum	um zu fragen	*puścidum*

4. Wortbildung und Komposition

4.1 Komposition

Von den Prākṛt-Grammatikern wurden Komposita nicht eigens behandelt. Man sieht sich daher erneut veranlasst, den Gepflogenheiten des Sanskrit zu folgen. Komposita waren im Sanskrit. von enormer Bedeutung. Auch im Pāli spielten sie noch eine große Rolle. Was die Prākṛts anlangt, so finden sie am ehesten noch einen Platz in der AMg. In der Ś. treten sie sehr zurück. Im Laufe der Zeit verschwinden die adverbalien Komposita schließlich ganz.

4.1.1 Kopulative Komposita

Begonnen sei mit den kopulativen Komposita. Hierzu zählt die *dvandva*-Bildung (= „Paar"). Dvandvas können aus zwei oder mehreren Nomina bestehen. Bestehen sie aus zwei Nomina, so erscheint im Sanskrit das zweite Glied im Dual. Da die Prākṛts diesen Numerus nicht mehr kennen, fügen sie beide Bestandteile direkt aneinander. Aufgelöst wird das Kompositum dann mit „und". Ein Beispiel aus der AMg.: *bhattapāṇa* „Speise und Trank". Besteht das Dvandva aus mehreren Gliedern, so spricht man von einem *itaretaradvandva*. Beispiel: *dhammaaṭṭhakāma* „Dharma, Artha und Kāma".

4.1.2 Determinativkomposita

Es folgen die Determinativkomposita. Ist das Vorderglied ein Kardinalzahlwort, heißt das Kompositum *dvigu* (= „zwei Rinder"). Die meisten dieser alt- und mittelindischen Komposita gibt es auch im Deutschen. Ein Dvandva etwa wäre „Tag und Nacht"; Beispiele für Dvigus wären „Dreisatz" oder „Zweikampf". Dvigus in der AMg. sind z. B. *tipuraṁ* „drei Städte" und *domāsaṁ* „zwei Monate".

Das wichtigste Determinativkompositum ist das *tatpuruṣa* (= „dessen Mensch", also „dessen Diener"; das Vorderglied entspricht Skt. *tasya*). Ein Tatpuruṣa drückt ein Kasusverhältnis aus: Das Vorderglied kann außer Nom. und Vok. jeden Kasus vertreten. Besonders häufig vertritt es den Gen.; ein deutsches Beispiel wäre *Haustür*. Ein dativisches Verhältnis zeigt *Schützengraben*, ein akkusativisches *Auslandsreise*, ein instrumentales *Messerstich*, ein lokativisches *Waldhütte*. Die folgenden Beispiele entstammen der AMg.: *samaṇavaṭṭhāṇi dussīlaṁ na tāyanti* „Mönchsgewänder retten den, der einen schlechten Charakter hat, nicht". Das Vorderglied vertritt einen Gen. in *rāyaputta* „Königssohn", einen Akk. in *gāmagaya* „ins Dorf gegangen", einen Abl. in *dumapaḍiya* „vom Baum gefallen" und einen Lok. in *vaṇakamma* „Forstarbeit".

Eine Sonderform der determinativen Komposita ist das *karmadhāraya* (= „ein Amt tragend", doch ist diese Deutung nicht ganz gesichert). Das Wesen des Karmadhāraya besteht darin, dass das Hinterglied durch das Vorderglied näher bestimmt wird. Das bekannteste Beispiel aus dem Skt. ist *mahārāja* „Großkönig", Prākṛt *mahārā(y)a*. Im Karmadhāraya stehen beide Glieder im selben Kasus. Auch die Kombination von zwei Nomina ist möglich: *purisasiṁha* „ein Mann wie ein Löwe". Komposita nach Art des Karmadhāraya gibt es im Deutschen häufig; Beispiele sind *Neustadt*, *Jungfrau*, *Grauzone*, *schneeweiß*.

4.1.3 Possessivkomposita

Die bisher besprochenen Komposita-Varianten bereiten dem Verständnis keine Schwierigkeiten, zumal sie sämtlich Widerspiegelungen im Deutschen finden. Dafür baut sich im Folgenden eine schwer zu nehmende Hürde auf. Der Oberbegriff ist „Possessivkomposita". Dazu zählt das *bahuvrīhi* (wörtlich „viel Reis (besitzend)"). Auf dieses Kompositum muss besonders gründlich eingegangen werden, gilt es doch, seit langem festgesetzte irrige Vorstellungen auszuräumen.

Zunächst ist festzustellen, dass Bahuvrīhi-Komposita im Deutschen keine Parallele haben. Es sind immer wieder Versuche gemacht worden, Parallelen sozusagen „herbeizuzwingen". Dabei wurden geniale Beispiele vorgeschlagen wie *Dickkopf*, *Langfinger*, *Schöngeist*. Alle diese „Lösungen" verfehlen jedoch das Wesentliche. Sie verkennen nämlich den Grundcharakter des Bahuvrīhi: Dessen Schlussglied ist zwar ein Nomen; das Kompositum als Ganzes ist aber ein Adjektiv. Ein Beispiel aus dem Sanskrit soll Klarheit schaffen: *dīrghabāhu* bezeichnet, wenn als Karmadhāraya aufgefasst, einen „langen Arm"; als Bahuvrīhi hingegen ist es ein Adjektiv, bezeichnet also jemanden als „einen langen Arm habend", „langarmig". *surūpa* ist als Tatpuruṣa „eine schöne Gestalt", als Bahuvrīhi aber „schöngestaltig". Auch Indologen haben mitunter Schwierigkeiten, ein Tatpuruṣa oder Karmadhāraya von einem Bahuvrīhi zu unterscheiden. Macht man sich klar, dass Letzteres ein Adjektiv ist, und verzichtet darauf, ein Substantiv zu erzwingen, so ist die Unterscheidung jedoch nicht mehr problematisch.

4.1.4 Adverbiale Komposita

Als „adverbiales Kompositum" kann man das *avyayībhāva* bezeichnen. Hier ist das erste Glied ein Indeklinabile, das zweite Glied ein Nomen, das im Akk. Sg. steht. Beispiele aus der AMg. sind: *jāvajjīvaṁ* „lebenslang"; *jahāsuhaṁ* „nach Belieben"; *jahākāmaṁ* „nach Lust".

4.1.5 Verbale Komposition

Ein wichtiger Bestandteil der Wortbildung sind auch die Verbindungen von Präpositionen mit Verben, deren Bedeutung sie mitunter erheblich modifizieren (sog. Präverbien). Nur die Präverbien *pa-* und *saṁ-* ändern die Bedeutung des Verbs allenfalls im Sinne einer leichten Verstärkung.

Die beiden folgenden Tabellen zeigen, dass sich die Präverbien sowohl vom Sanskrit als auch innerhalb der mittelindoarischen Sprachen nur geringfügig unterscheiden. Die wichtigsten dieser Präfixe sind:

Sanskrit	**Ardhamāgadhī**	**Māhārāṣṭrī**	**deutsch**
ati-	*ai-*	*ai-*	über ... hinaus
anu-	*aṇu-*	*aṇu-*	nach, entlang
abhi-	*abhi-*	*abhi-*	fort, weg
apa-	*ava-*	*ava-*	gegen, zu
ava-		*o-*	herunter, weg
ā-	*ā-*	*ā-*	herbei, her
ud-	*ud-*	*ud-*	empor, hinaus
upa-	*uva-*	*uva-*	herzu, hin, gegen
ni-	*ṇi-*	*ṇi-*	nieder, hinein
nis-		*ṇis-*	weg, aus
pra-	*pa-*	*pa-*	vorwärts, hervor (oft bedeutungslos)
pari-	*pari-*	*pari-*	um ... herum
prati-	*paḍi-*	*paḍi-*	entgegen, zurück
vi-	*vi-*	*vi-*	auseinander
sam-	*saṁ-*	*saṁ-*	zusammen (oft bedeutungslos)

Keine verbalen, sondern nominale Komposita bilden in den Prākṛts wie im Sanskrit die Präfixe *dus-* „übel, schlecht“ und *su-* „gut, wohl, sehr“.

4.1.6 Nachleben der Kompositaltypen

Im späten Mittelindoarischen lassen Bedeutung und Häufigkeit der Komposita schnell nach. Das trifft besonders auf die Mh. zu. Durch deren radikale Lautveränderungen werden die Komposita oft „zersetzt“. Da der Dual fehlt, kann sich das eigentliche Dvandva generell kaum mehr entfalten. Es gibt vielmehr die Tendenz zur Herausarbeitung des *samāhāra*, eines kollektiven Singulars. Beim Karmadhāraya greift eine Vorliebe Platz, einen etwaigen Eigennamen als Vorderglied zu positionieren. Ansonsten kommen in geringerer Zahl Tatpuruṣas in allen Kasus (außer Nom. und Vok.) sowie Bahuvrīhis vor. Nur die adverbialen Komposita verschwinden schließlich ganz.

Die soeben aufgezeigten Tendenzen und Merkmale gelten auch für die oft abseits stehende Māgadhī. Diese tendiert ohnehin zu einfachen Strukturen. Allenfalls findet man hin und wieder ein Tatpuruṣa, bei dem das Vorderglied einen Gen. ersetzt. So ist *maścalīsattu*, wörtlich „Fischfeind“, eine bildhafte Bezeichnung für Fischer oder Angler.

4.2 Suffixale Wortbildung

Wortbildung kann auch durch Suffixe erfolgen. Dabei fällt auf, dass die Prākṛts über Suffixe verfügen, die im Sanskrit selten sind oder ganz fehlen, wie etwa *-āla*, *-ālu*, *-illa*, *-ulla*; diese ersetzen Skt. *-mat* und *-vat* und sind besonders in der AMg. häufig. So entspricht AMg. *saddāla* Skt. *śabdavat* „tönend, schallend“, und *ṇiddālu* deckt sich mit Skt. *nidrālu* (schläfrig). Sehr häufig ist das Suffix *-illa*. In Mh. und AMg. findet sich *taṇailla* „grasreich“. In der Mh. bezeichnet *gharailla* den „Hausherrn“. Weitere Beispiele für solche Wortbildungen aus der AMg.: *paḍhamilla* (Skt. *prathama* „erster“); *dakkhiṇilla* (Skt. *dakṣiṇa* „Süden“); *majjhimilla* (Skt. *madhyama* „mittlerer“). Das Suffix *-ulla* hat dieselbe Funktion, ist aber seltener. Häufig (besonders in AMg. und JM.) ist dagegen das Suffix *-tta* (Skt. *-tva*). In der AMg. bedeutet das Suffix *-ima* soviel wie deutsch *-bar* (in *machbar*). Das oft gebrauchte Suffix *-ka* hat grundsätzlich nur eine pleonastische Funktion.

5. Syntax

Die Syntax (also die Lehre vom Satzbau) ist von den mittelindischen Grammatikern im Vergleich zur Laut- und Formenlehre deutlich weniger gründlich behandelt worden. Aber auch die Prākṛt-Forscher der neueren Zeit haben die Syntax vernachlässigt. Zu rechtfertigen ist die Unterschätzung der Syntax jedoch nicht, ist es doch die Syntax, die die einzelnen Wörter zu einem Satz zusammenführt und damit erst eine Aussage ermöglicht.

5.1 Syntaktische Grundprinzipien

Die Syntax der mittelindoarischen Sprachen unterscheidet sich von der der altindoarischen Sprachen nur in unwesentlichen Details. Man kann daher auch hier vom Sanskrit ausgehen.

5.1.1 Bestimmtheit und Unbestimmtheit

Keine Prākṛt-Sprache hat einen bestimmten (definiten) Artikel. Wo erforderlich, wird statt dessen ein Demonstrativpronomen gebraucht. Ein Beispiel aus der AMg.: *sā itthī* „diese Frau, die Frau". Als unbestimmter Artikel tritt, aber nur, wenn erforderlich, in der AMg. *ega* in Erscheinung (zur Deklination von *ega* s. Abschnitt 3.3.1). Beispiel: *ego siṁho* „ein Löwe". In der Ś. wird Unbestimmtheit, wenn nötig, durch *ekka* ausgedrückt; *ekka* verwendet auch die Mg.

5.1.2 Wortstellung

Hinsichtlich der Wortstellung gibt es zwar bestimmte Grundsätze, doch haben sich die Prākṛt-Sprachen ein großes Maß an Freiheit bewahrt. Das Subjekt steht gewöhnlich voran; das Prädikat schließt den Satz ab. Ein Interrogativpronomen steht allerdings immer am Satzanfang. Das Akkusativobjekt steht vor dem Verb. Beispiele aus der AMg.: *jaṇā mahuraṁ annaṁ bhakkhanti* „Die Menschen verzehren eine süße Speise," *putto ayariyaṁ pasiṇe pucchai* „Der Sohn richtet an den Lehrer Fragen".

Die Ś. folgt denselben Prinzipien. Bemerkt werden muss dabei, dass bei aktivischer Konstruktion die Reihenfolge Subjekt – Objekt – Prädikat gilt. Bei passivischer Konstruktion ist die Reihenfolge jedoch: Instrumental – Subjekt – Prädikat (Beispiele folgen später).

Auch die Mh. folgt diesen Grundsätzen. Bei sehr lebhafter Erzählung kann hier das Verb mitunter am Satzanfang stehen.

Auch die Mg. hat sich in der Wortstellung viel Freiheit bewahrt, unterscheidet sich im Wesentlichen jedoch nicht von Ś., AMg. und Mh. Dass das Subjekt einen

Satz beginnt und ein Verb ihn schließt, gilt auch für die Mg. Doch gibt es (das ist typisch für die Mg.) etliche Ausnahmen. So kommt das, was besonders betont werden soll, an den Anfang. Beispiele: *kiṁ bhaṇādha*? „Was sagt ihr?"; *yadhā āṇavedi lāutte* „wie der Königssohn befiehlt"; *bhāāmi kkhu ahaṁ* „ich fürchte mich wirklich"; *jīvadi vaśśaśadaṁ* „er lebt hundert Jahre". Dass auch das Akkusativobjekt am Satzanfang stehen kann, zeigt folgendes Beispiel: *tumaṁ aṇṇeśāmi* „ich suche dich".

Adjektive stehen vor dem zugehörigen Nomen und stimmen mit diesem in Numerus, Genus und Kasus überein. Beispiele aus der AMg.: *taruṇā kaṇṇā* „junges Mädchen"; *hariyesuṁ ujjāṇasuṁ* „in den grünen Gärten"; *sujaṇo pharusaṁ vayaṇaṁ na bhaṇai* „ein guter Mensch führt keine grobe Rede". Die Adjektive stehen also vor dem Wort, das sie näher bestimmen.

5.1.3 Direkte Rede

Die direkte Rede wird wie im Skt. durch *iti* oder *tti* beendet. Beispiele aus der AMg.: *aṇagārā mo 'tti ahaṁsu* „‚Wir sind Mönche'", sagten sie"; *'tti bemi* „So sage ich". Auch in der Ś. und der Mg. wird die direkte Rede durch das Indeklinabile *iti* oder *'tti* geschlossen. Ein Beispiel aus der letzteren: *uvāśage tti maṁ bhaṇādi* „Man nennt mich einen Laienanhänger".

5.2 Verwendung der Formenkategorien (Morphosyntax)

Wenn nicht ausdrücklich Gegenteiliges vermerkt ist, gelten die folgenden Ausführungen für alle Prākṛt-Sprachen.

5.2.1 Kasus

Der Nominativ bezeichnet das Subjekt. Er antwortet auf die Fragen „wer?" und „was?" In passivischer Konstruktion drückt er das Objekt aus. Ein Beispiel aus der AMg.: *teṇa sā bhaṇiya* „er sagte zu ihr".

Der Akkusativ antwortet auf die Fragen „wen?" und „was?", gelegentlich auch auf die Frage „wohin?" (als Akkusativ der Richtung). Im Akkusativ steht das Objekt der transitiven Verben. Ein Beispiel aus der AMg.: *māyaraṁ piyaraṁ ca posa* „Ernähre Mutter und Vater!". Der Akkusativ kann auch einen Zeitraum ausdrücken: *aṭṭha māse ya jāvae bhayavaṁ* „Der Ehrwürdige verbrachte acht Monate". Mitunter kann es einen doppelten Akk. geben. Ein Beispiel aus der Mh.: *taṁ puttaṁ pucchai* „Er fragt ihn nach dem Sohn".

Der Instrumental bezeichnet Mittel und Werkzeug, aber auch Begleitung. Er antwortet auf die Fragen „wodurch?" und „womit?" Drückt er eine Begleitung aus, so fungiert er als Komitativ. In passivischer Konstruktion bezeichnet der Instr. das

Subjekt. Beispiel aus der AMg.: *īsareṇa kaḍe loe* „Gott erschuf die Welt“. Für die Anwendung des Instr. zur Bezeichnung eines Mittels mag das folgende Beispiel aus der Mg. stehen: *majjaṇhe ṇa śakkīadi pādehiṁ gamiduṁ* „mittags (in der Mittagshitze) kann ich nicht zu Fuß gehen“. Ein weiteres Beispiel aus der Mg. zeigt, dass der Instr. auch eine Richtung angeben kann: *śāvi dakkhiṇāo gadā* „auch sie ging nach Süden“. Der Instr. bildet des Weiteren auch vielfach Adverbien: so in der Mh. *kameṇa* „allmählich“, *kiccheṇa* „mühevoll“, *suheṇa* „angenehm“. Zur Bezeichnung einer Begleitung (es muss keine freundliche sein) wird der Instr. oft mit *saha* „mit“ verbunden. Dies zeigt ein Beispiel aus der Mg.: *cāludattena śaha mama vivāde* „mit Cārudatta habe ich einen Streit“. Im Lauf der Zeit gewinnt der Instr. allenthalben an Bedeutung, auch über die genannten Funktionen hinaus. Dazu ein Beispiel aus der AMg.: *atthi teṇa saha vattavvaṁ kiṁ pi* „Es gibt etwas mit ihm zu besprechen“.

Der Dativ antwortet auf die Fragen „wozu?“ und „wofür?“. Er bezeichnet des Weiteren das entfernte (indirekte) Objekt, doch wird diese Funktion immer mehr vom Genitiv übernommen.

Der Ablativ antwortet auf die Frage „woher?“ und bezeichnet damit den Ausgangspunkt. Auffallend ist, dass der Abl. in der Ś. (aber nicht nur dort) im Plural nur sehr selten vorkommt. An seiner Stelle steht dann meist ein Instr. oder ein Genitiv. Im Singular ist seine Anwendung eher flexibel, wie ein Beispiel aus der Mg. zeigt: *eśā tava aggado lajjāadi* „sie schämt sich in deiner Gegenwart“. Auch der Abl. generiert verschiedentlich Adverbien.

Der Genitiv antwortet auf die Frage „wessen?“, ist darüber hinaus jedoch sehr vielseitig und spielt demzufolge eine große Rolle. Er kann den Dativ, den Instrumental, den Ablativ und den Lokativ vertreten. Zudem kann er das in den Prākṛts nicht vorhandene Wort „haben“ ausdrücken. Beispiele aus der Mh.: *kiṁ ṇatthi mama jaṁ annarāīṇaṁ atthi* „Was habe ich nicht, was andere Könige haben?“; *tassa rāiṇo satta taṇayā jāyā* „Diesem König wurden sieben Söhne geboren“; *rāiṇo cattāri mittā āsi* „Der König hatte vier Freunde“. – Speziell in der Ś. übernimmt der Gen. die Funktion des Dativs und wird im Sinne von „für“ gebraucht. Überhaupt gilt die Tendenz, dass der Gen. an die Stelle des Dat. tritt. Hierzu ein Beispiel aus der AMg.: *teṇa tassa kahiyaṁ* „Er erzählte ihm“. – In der Regel steht der Gen. vor dem regierenden Wort, doch gibt es Ausnahmen, wenn etwa auf dem regierenden Wort ein besonderer Nachdruck liegt.

Der Lokativ antwortet auf die Frage „wo?“, mitunter auch auf „wohin?“. Manchmal vertritt er den Instr. und den Akk. der Richtung. Wie im Skt. gibt es auch in den Prākṛts (besonders in der Ś.) einen *Locativus absolutus*, der mit „als“, „nachdem“ oder „während“ zu übersetzen ist. Beispiele aus der Mh.: *Mūladeva paviṭṭhe* „als Mūladeva eintrat“; *akāraṇe kuddho* „grundlos erzürnt“. Im

Mittelindoarischen ist der *Locativus absolutus* allgemein sehr verbreitet. Erinnert sei nur an die ubiquitäre Pāli-Phrase *bārāṇasiyaṁ brahmadatte rajjaṁ kārente* „Als in Vārāṇasī (Benares) Brahmadatta die Herrschaft ausübte".

Der Vokativ wird zur Anrede gebraucht.

Die meisten der Kasus können auch von Präpositionen regiert werden. Die folgende Liste bezieht sich auf die Māhārāṣṭrī:

den Genitiv regieren *purao* „vor", *uvari* „über", *parao* „jenseits", *aṭṭhā*, *aṭṭhāe*, *kajje*, *kajjeṇa* „wegen", *pachao* „hinter", *heṭhā* „unter", *abbhantare* „innerhalb", *bāhiṁ* „außerhalb", *antie*, *pāse* „bei, zu", *samīvaṁ* „nahe", *paccakkhaṁ* „in Gegenwart von", *saṁmuhaṁ* „entgegen";
den Instrumental regieren *viṇā* „ohne", *saddhiṁ*, *saha* „mit";
den Akkusativ regieren *viṇā* „ohne" (das aber auch den Instrumental regiert), *pai* „nach", *mottuṁ* „außer";
den Ablativ regiert *ārabbha* „seit".

Einen Kasus regieren auch einige Interjektionen; in der Mh. sind dies *dhir-atthu* (mit Gen.) „pfui (über...)!", *alaṁ* (mit Instr.) „genug (mit)!" und *ṇamo* (mit Gen.) „Heil! Verehrung!".

5.2.2 Numerus

Hier ist zu wiederholen, dass die Prākṛts den Dual nicht mehr kennen. Stellt das Subjekt eine Zweiheit dar, so steht das Prädikat im Plural. Das gilt auch dann, wenn das Zahlwort *do* (AMg. „zwei") als Subjekt verwendet ist.

Der Gebrauch der 2. Pers. Sg. entspricht unserem Duzen. Zur höflichen Anrede („Siezen") verwendet man die Formen von *bhavaṁ* (Skt. *bhavat*, Nom. *bhavān*), wobei das Verb in der 3. Person steht. Ein Beispiel aus der AMg.: *tattha pāsāu bhavaṁ* „Schauen Sie dorthin!"

5.2.3 Modi

Alle Prākṛt-Sprachen haben den Indikativ, den Imperativ und den Optativ bewahrt. Syntaktisch von Interesse ist besonders der Optativ. Er kann einen Wunsch, aber auch eine Möglichkeit oder eine höfliche Aufforderung ausdrücken. Gegenüber dem Imperativ verliert er jedoch allmählich an Bedeutung, besonders in der Mg., wo er nur noch wenig gebraucht wird. In der AMg. drückt der Optativ oft Zweifel und Unsicherheit aus, wie das folgende klassische Beispiel zeigt: *kiṁ paraṁ maraṇaṁ siyā* „Was mag nach dem Tod sein?".

Der Imperativ kann einen Befehl, eine Aufforderung und in den 1. Personen ein Sollen oder Wollen ausdrücken. Beispiele aus der Mg.: *muhuttaṁ ciṭṭha* „Bleibe einen Moment stehen!“; *tāva yyeva hatthe ciśṭhadu* „Gerade in deiner Hand soll es liegen“.

5.2.4 Tempora

Das Präsens bezeichnet selbstverständlich vielfach die unmittelbare Gegenwart. Jedoch ist zu beachten, dass das Präsens alle drei Zeitstufen (Gegenwart, Vergangenheit, Zukunft) vertreten kann. Speziell das *Praesens narrativum* (erzählendes Präsens) hat präteritale Bedeutung. Eine Parallele dazu findet sich auch im Deutschen. Beispiel: *Ich komme gerade noch zur Abfahrtszeit auf den Bahnhof, da sehe ich, dass der Zug gerade abfährt.* Die 1. Personen des Präsens können als Imperativformen fungieren.

In der Art, die Vergangenheit auszudrücken, unterscheiden sich die Prākṛt-Sprachen grundlegend vom Altindoarischen. Sowohl das Perfekt als auch die Aoriste und das Imperfekt (somit auch das Augment) sind aus dem Sprachschatz verschwunden. Dadurch gewinnt das Partizip Praeteriti Passivi (PPP) enorm an Bedeutung, bietet es doch die einzige Möglichkeit, die Vergangenheit auszudrücken. Dazu ein Beispiel aus der Mg.: *śudaṁ me yaṁ mae gāidaṁ* „Hörtest du, was ich gesungen habe?“. Beispiele aus der Mh.: *paccā raṇṇā cintiyaṁ* „Danach überlegte der König“; *kumbhayāre gāmaṁ annaṁ gao āsī* „Der Töpfer begab sich in ein anderes Dorf“. Die AMg. verfügt noch über andere bereits besprochene präteritale Endungen; Beispiel: *tattha vihariṁsu* „sie verweilten hier“. Weitere Beispiele dafür, wie die AMg. präteritale Sachverhalte ausdrückt: *dahiṇāo vā disāo āgao haṁ aṁsi* „Ich kam aus der südlichen Himmelsrichtung“; *tao so pahasio rāyā* „Danach lachte der König“.

Das Futurum wurde bereits besprochen. Es drückt nicht nur ein zukünftiges Geschehen aus, sondern manchmal auch eine Möglichkeit oder Ungewissheit. Beispiel: *jai ihāḍavīe bhavissai to lahissāmo* „Wenn er hier im Wald sein wird, werden wir (seiner) habhaft werden“.

5.2.5 Infinite Kategorien

Sehr beliebt und ständig an Bedeutung gewinnend ist, wie bereits dargestellt, die passivische Konstruktion. Beispiele aus der Mg.: *śohaṇaṁ tue kidaṁ* „Gut hast du das gemacht“; *āṁ śumalidaṁ me* „Ja, ich erinnere mich“.

Viel gebraucht (wenn auch nicht mehr so häufig wie im Pāli) sind auch Konstruktionen mit dem Absolutiv. Dazu ein Beispiel aus der Mg.: *pavahaṇaṁ ahiluhia* (Skt. *abhiruhya*) *gaścāmi* „Nachdem ich das Fahrzeug bestiegen habe, fahre (wörtlich: gehe) ich“.

6. Anhang: Zur Geschichte der Erforschung der Prākṛt-Sprachen

Es ist eine Sache des Respekts und der Dankbarkeit, auch einen Blick auf die Geschichte der Erforschung der Prākṛt-Sprachen zu werfen und damit auf diejenigen Gelehrten, auf deren Leistungen wir heute aufbauen.

Indische Gelehrte widmeten sich schon frühzeitig diesen Sprachen. Als erster ist hier Vararuci zu nennen. Dieser war einer der neun „Juwelen" am Hof des Königs Vikramāditya. Sein *Prākṛtaprakāśa* ist die älteste indische Grammatik der Prākṛts. Darin lehrt Vararuci die Sprachen Māhārāṣṭrī, Paiśācī, Māgadhī und Śaurasenī, schreibt jedoch auf Sanskrit. Das Werk erfuhr eine vorzügliche Ausgabe von Edward B. Cowell (London 1868). Der hervorragende deutsche Prākṛt-Kenner Richard Pischel betonte später, dass die Regeln des Vararuci nicht aus der Luft gegriffen seien.

Als weiterer indischer Prākṛt-Forscher ist der Jaina Hemacandra (1089–1172) zu nennen. Er verfasste eine Vielzahl von Werken, darunter eine Grammatik, mehrere Wörterbücher und Biographien sowie Abhandlungen über den Jinismus.

Nach ihm trat im 17. Jahrhundert in Orissa Mārkaṇḍeya, der den Sanskrit-Titel *kavīndra* „Dichterfürst" führte, mit dem Werk *Prākṛtasarvasva* hervor. Darin präsentiert er eine Liste von 27 Sprachen. An Ausführlichkeit und Systematik übertrifft er Vararuci und Hemacandra.

In Europa setzten Prākṛt-Studien erst relativ spät ein, und zwar zunächst als eine Art Nebenprodukt der Sanskritistik. An Bedeutung gewannen sie bei der Erforschung des altindischen Dramas. Als Pionier zu würdigen ist Christian Lassen (1800–1876). Unter dem Titel *Institutiones linguae pracriticae* verfasste er eine Prākṛt-Grammatik (Bonn 1837), in der er zahlreiche Auszüge aus Vararucis *Prākṛtaprakāśa* vorlegte.

Der vielseitige Indologe Albrecht Weber (1825–1901) widmete sich unter anderem der Lyrik des Hāla und damit der Māhārāṣṭrī (Ausgabe und Übersetzung 1881). Große Verdienste erwarb sich auch Eugen Hultzsch (1857–1927).

Hervorragendes leistete Hermann Jacobi (1850–1937), ein gründlicher Kenner der Ardhamāgadhī, bei der Übersetzung des Jaina-Kanons in den „Sacred Books of the East". Große Beachtung fanden auch seine *Ausgewählte Erzählungen in Mâhârâshtrî* (Leipzig 1886). Jacobi publizierte auch Texte aus dem damals entdeckten späten Apabhraṁśa (1912–1921).

Als größten Prākṛt-Kenner aller Zeiten muss man jedoch Richard Pischel (1849–1908) würdigen. 1900 erschien in der renommierten Reihe „Grundriss der indo-arischen Philologie und Altertumskunde" seine *Grammatik der Prākrit-Sprachen*, die später von Subhadra Jha ins Englische übersetzt wurde. Das Werk ist von fast unvorstellbarer Monumentalität und in seiner Vollständigkeit unerreicht. Allerdings ist es in seiner Gliederung und der Drucktechnik recht unübersichtlich, was die Auswertung dieses ansonsten kolossalen Werkes erschwert.

Nächst Pischel sind die Leistungen von Walter Schubring (1881–1969) hervorzuheben. Auf der Basis profunder Kenntnis der Ardhamāgadhī übersetzte und erklärte Schubring zahlreiche jinistische Texte. Sein Hauptwerk *Die Lehre der Jainas nach den alten Quellen dargestellt* erschien 1934 ebenfalls im „Grundriss der indoarischen Philologie und Altertumskunde". Unter dem Titel *The Doctrine of the Jainas* übersetzte es Wolfgang Beurlen ins Englische (Delhi 1962).

Dieser Überblick möge abgeschlossen werden mit einem Blick auf Richard Schmidt (1866–1939), dessen Arbeiten über mehrere Prākṛt-Sprachen dem hier vorgelegten Buch ebenso wertvolle Impulse verliehen wie die Werke von Pischel und Munishwar Jha (s. das Verzeichnis der Sekundärliteratur).

7. Verzeichnis der Sekundärliteratur

Banerji, Sures Chandra, *A Companion to Middle Indo-Aryan Literatur*. Calcutta 1977.

Cowell, Edward Byles, *The Prākṛta Prakāśa of Vararuci*. Hertford 1854 / 2. Aufl. London 1868.

—, *A short introduction to the ordinary Prākṛt of the Sanskrit dramas, with a list of common irregular Prākṛt words*. London 1875.

Ghatage, Amrit Madhav, *Introduction to Ardha-Māgadhī*. 4th ed. Kolhapur 1951 / reprint Pune 1993.

Hinüber, Oskar von, *Das ältere Mittelindisch im Überblick* (Sitzungsberichte der Österreichischen Akademie der Wissenschaften, phil.-hist. Klasse, 467 = Veröffentlichungen zu den Sprachen und Kulturen Südasiens, 20), 2. Aufl. Wien 2001.

Hultzsch, Eugen, Neue Beiträge zur Kenntnis der Śaurasenī. Zeitschrift der Deutschen Morgenländischen Gesellschaft 66, 1912, 709–726.

Jacobi, Hermann, *Ausgewählte Erzählungen in Mâhârâshṭrî*. Leipzig 1886 / Neudruck Darmstadt 1967.

Jha, Munishwar, *Māgadhī and its Formation*. Calcutta 1967.

Misra, Satya Swarup, *Historical grammar of Ardhamāgadhī*. Varanasi 1982.

Mylius, Klaus, *Wörterbuch Ardhamāgadhī-Deutsch*. Wichtrach 2003.

—, *Geschichte der altindischen Literatur*. 3. Aufl. (Beiträge zur Kenntnis südasiatischer Sprachen und Literaturen [BKSSL], herausgegeben von Dieter B. Kapp, 11). Wiesbaden 2003.

—, *Zur Didaktik mittelindischer Sprachen* (BKSSL, 23). Wiesbaden 2013.

—, *Lehrbuch der Ardhamāgadhī* (BKSSL, 24). Wiesbaden: Harrassowitz 2014.

—, *Māhārāṣṭrī. Grammatischer Abriss und Wörterbuch* (BKSSL, 25). Wiesbaden: Harrassowitz 2016.

—, *Śaurasenī. Grammatik und Glossar* (BKSSL, 27). Wiesbaden: Harrassowitz 2018.

—, *Māgadhī. Grammatik, Textproben und Glossar* (BKSSL, 29). Wiesbaden: Harrassowitz 2019.

Nitti-Dolci, Luigia, *The Prākṛta Grammarians*. Englische Ausgabe von Prabhākara Jhā. Delhi 1972.

Pischel, Richard, „Zur kenntnis der Çaurasenī.“ *Beiträge zur vergleichenden Sprachforschung auf dem Gebiet der arischen, celtischen und slawischen Sprachen* 8, 1876, 129–150.

—, *Hemacandras Grammatik der Prakrit-Sprachen*. 2 Teile. Halle 1877–1880.

—, *The Deśīnāmamālā of Hemacandra*. I. Bombay 1880.

—, *Grammatik der Prākṛt-Sprachen* (Grundriss der indoarischen Philologie und Altertumskunde, I/8). Straßburg 1900 / Nachdruck Hildesheim, New York 1973. Englisch von Subhadra Jha unter dem Titel *A Comparative Grammar of the Prākṛt Languages*, 2. Aufl. Delhi 1965.

Ratna Chandra, *An illustrated Ardha-Māgadhī Dictionary with Sanskrit, Gujrat, Hindi and English Equivalents*. 5 vols. Indore 1923–1932 / Reprint 1988.

Schmidt, Richard, Elementarbuch der Śaurasenī mit Vergleichung der Māhārāṣṭrī und Māgadhī. Hannover 1924 / Neudruck Osnabrück 1971.

Sen, Sukumar, *Comparative Grammar of Middle Aryan*. 2nd ed. Poona 1960.

Sheth, Hargovind Das, *Pāia-sadda-mahaṇṇavo*. Calcutta 1923–1928 / 2. Aufl. Varanasi 1963.

Woolner, Alfred C., *Introduction to Prakrit*. 2nd ed. Calcutta 1928 / 3rd rev. ed 1939 / Reprint Delhi 1996.

8. Indizes

8.1 Sachwortregister

Ablativ 23–39, 41–48, 97, 103, 104
Absolutiv 54, 93, 94, 105
Adjektiv 23, 40, 49, 50, 98, 102
Adverb 50, 52, 103
adverbiales Kompositum 97–99
Akkusativ 23–39, 41–50, 95, 97, 98, 102–104
a-Konjugation *siehe* *a*-Präsensklasse
Aktiv 54, 61, 80, 101
Aktivpartizip *siehe* PPA
Anaptyxe 16, 92
Anusvāra 6, 9, 10, 14, 16, 18, 23, 24–26, 30, 35
Aorist 53, 61, 73, 74, 81, 105
Apabhraṁśa 1, 54, 106
a-Präsensklasse 54, 55, 69, 70, 75, 77
Ardhamāgadhī xiii, 1–3, 6, 8–21, 23–25, 27–33, 35–43, 45–47, 50, 53–56, 58, 60–81, 92–95, 97–99, 100–107
Aristophanes 4
Artikel 101
asigmatischer Wurzelaorist 74
Aspiraten 9, 10, 21, 54, 67, 75
Assimilation 10, 12, 16, 19–22, 25–27, 49, 53, 71, 92
a-Stämme 24, 27, 28, 36, 38, 46, 48
ā-Stämme 29, 30, 35, 39, 48–50
athematische Konjugation 58, 60, 65, 67, 70, 71, 72, 74
Ātmanepada 54, 56, 57, 60, 62, 67, 68, 77
Augment 53, 73, 105
Ausfall von Vokalen 15, 16
au-Stämme 35
Auxiliar 53, 65, 66, 81
Avesta 2
Avyayībhāva 98
Bahuvrīhi 98, 99
bestimmter Artikel 101
Betonung *siehe* Emphase
Bṛhatkathā 2
buddhistischer Kanon 1
Cāṇḍālī 2
Cardinale 47–49, 97
chāyā 1, 7, 10, 12, 24, 46, 50, 60
Dativ 23, 25, 26, 103
Dehnung 10, 13, 14
Deklination 23–32, 34–38, 40–49, 53, 55, 95, 101
Demonstrativpronomen 40, 43, 101
Denominativum 54, 61, 79
Dental 6–8, 11–13, 20, 24, 31, 54, 55, 92
Deponens 68
Determinativkompositum 97
Dhakkī 2
Digambara 2, 3
Diphthonge 6, 7, 11, 12, 17, 53, 54, 61
direkte Rede 102
Doppelkonsonanten 6, 10, 12, 18
Drama 1–5, 52, 106
Dual 23, 25, 26, 53, 97, 99, 104
Dvandva 97, 99
Dvigu 97
Eigenname 99
Einschub 16, 17
e-Konjugation *siehe* *e*-Präsensklasse
Elision 3, 9–11, 40
Emphase 16, 102
enklitisch 9, 16, 21, 66
Epenthese 16, 17
e-Präsensklasse 61, 62, 69, 70, 75

erzählendes Präsens 105
Femininum 23, 24, 27, 29, 30–32, 35, 38, 44–50, 80
Formenlehre 23, 101
Fragepronomen *siehe* Interrogativpronomen
Futurum 53, 54, 56, 74–76, 80, 92, 105
Gauḍavadha, Gauḍavaha 4
Gegenwart 103–105
Genitiv 23–39, 41–43, 45–49, 52, 97, 100, 103, 104
Genus 24, 25, 43, 44, 46–49, 102
Gerundium 54, 93
Gerundivum 54, 92, 93
geschlossene Silbe 14
Gleitlaut 6, 8, 11, 16, 20, 21
Griechisch 4
Guṇa 18, 92, 95
Hiatus 2, 18, 94
Hilfszeitwort *siehe* Auxiliar
Hinterglied 97, 98
Imperativ 17, 54, 58–61, 63–65, 67, 70, 71, 73, 104, 105
Imperfekt 53, 73, 81, 105
Indefinitpronomen 46
Indeklinabile 98, 102
Indikativ 54–56, 62, 63, 70, 104
indirektes Objekt 103
Infinitiv 13, 54, 95, 96
Infix 70, 71
in-Stämme 38
Instrumental 24–39, 41–49, 52, 101–104
Interjektion 50, 52, 104
Interrogativpronomen 40, 46, 47, 101
intervokalisch 3, 10, 11, 18, 54, 80
intransitiv 80
Inversion 20
i-Stämme 27, 31, 38
ī-Stämme 30, 31, 38, 48
itaretaradvandva 97
Jaina 2–5, 8, 10, 106
Jaina-Kanon 2, 3, 106
Jaina-Māhārāṣṭrī 2, 4, 5, 9, 13, 15, 16, 56, 58, 65, 67, 69, 70–73, 78, 93, 100
Jaina-Śaurasenī 2, 3, 15, 16, 70, 71, 78, 94
Jinismus 2–4, 106, 107
Jungvedisch 1
Kanauj 4
Kardinalzahl *siehe* Cardinale
Karmadhāraya 98, 99
Karpūramañjarī 3, 4
Kasus 23–39, 41–48, 97–99, 102, 104
Kausativum 54, 61, 72, 73, 76, 77, 82
Kāvyādarśa 1, 2
Kombinatorischer Lautwandel 7
Komitativ 102
Komparativ 40
Komposition 97, 99
Kompositum 15, 18, 97, 98, 99
Konjugation 23, 53–56, 58–62, 64, 66–71
Konjugationsklasse *siehe* Präsensklasse
Konjunktion 50, 52
Konjunktiv 53, 54, 57, 58
Konsonant 3, 6, 8–13, 16, 18–21, 24, 25, 35, 39, 42, 54
Konsonantengruppe 12–14, 16, 17, 19, 21, 53, 67
Konsonantenverbindung 9, 12, 14, 16, 20, 92
konsonantische Deklination 23, 26, 35, 39
konsonantische Liquide 6, 7, 24, 25
Kontraktion 18
kopulatives Kompositum 97

Kürzung 14, 15, 30
Labial 6, 8, 10, 14, 15, 16, 65
Laryngal 6
Latein 1
Lautlehre 6, 101
Lautwandel 7–9, 12, 14, 26, 27, 40, 41, 55, 77, 99
Ligatur 9, 12, 20
Liquid 6, 8, 13, 19, 20, 21
Locativus absolutus 103, 104
Lokativ 24–39, 41–49, 97, 103
Māgadhī xiii, 1, 2, 4–21, 23, 24, 26–31, 33, 35, 37–40, 42–45, 47, 49, 50, 54–57, 59, 61, 62, 64–73, 76–80, 91–93, 95, 96, 100–106
Mahābhārata 4
Mahārāṣṭra 2
Māhārāṣṭrī xiii, 1–6, 8–17, 19–23, 25, 26, 28–31, 34, 36–46, 48, 50–52, 54–59, 61, 62, 64–73, 75–80, 82, 92, 93, 95, 96, 99–106
Majjhimanikāya 15
Masculinum 23–25, 27, 29, 43–49, 80
Mauryadynastie 4
Medium 54, 56, 61, 77
Metathese 21, 24, 36, 66
Metrik 13
Modus 54, 63, 104
Morphosyntax 102
Mṛcchakaṭika 4, 5
Mudrārākṣasa 3–5
Nandadynastie 4
Nasal 8, 12, 16, 19–21, 65, 68–71
Nasalierung 13
Negationspartikel 18
Neutrum 1, 23, 24, 27, 38, 39, 44–50, 80
Nomen 23, 24, 32, 33, 35–37, 46, 72, 79, 97, 98, 102
Nomen agentis 32, 33
Nominativ 23–39, 41–49, 97, 99, 102, 104
Numerale 47
Numerus 23, 73, 97, 102, 104
Objekt 101, 102
onomatopoetisch 79
Optativ 54, 57–59, 63, 71, 104
Ordinale 50
Orissa 106
o-Stämme 35
Padmacarita 4
Paiśācī 1, 2, 106
Palatal 6–8, 10–12, 20, 27, 29, 62, 91
Pāli 1, 2, 11, 14, 15, 24–26, 54, 67, 94, 97, 104, 105
Parasmaipada 54, 77
Participium necessitatis *siehe* Gerundivum
Partizip 54, 79, 80, 92, 105
Partizip Futur 80
Partizip Perfekt Passiv *siehe* PPP
Passiv 53, 54, 56, 69, 70, 77–79, 101, 102, 105
Paümacariya 4
Perfekt 53, 74, 81, 105
Plural 23–48, 54–66, 71, 73–77, 103, 104
Poesie 4
polynesische Sprachen 10
Possessivkompositum 98
PPA 80
PPP 53, 69, 70, 72, 79–82, 91, 92, 105
Prädikat 101, 104
Präfix 11, 68, 69, 72, 73, 78, 94
Präposition 99, 104
Präsens 13, 53–56, 62, 63, 65, 80, 105
Präsensklassen 53, 54, 61, 64–69, 70–74
  1. Präsensklasse 64–69

2. Präsensklasse 65–69
3. Präsensklasse 53, 67, 74
4. Präsensklasse 68
5. Präsensklasse 68, 69, 71
6. Präsensklasse 68, 69
7. Präsensklasse 70
8. Präsensklasse 71, 72
9. Präsensklasse 67–69, 72
10. Präsensklasse 61, 72, 73
Präsensklasse I 54, 62
Präsensklasse II 54, 61
Präsensklasse III 54, 62, 64, 65, 67
Praesens narrativum 105
Präsenspartizip *siehe* PPA
Präsensstamm 65, 69
Präteritum 53, 81, 82
Präverb 99
Prākṛtaprakāśa 106
Prākṛtasarvasva 106
Prākṛtismus 1
progressive Assimilation 19–21, 25, 27, 92
Pronomen 40, 42–44, 48, 49
Prothesis 9, 16
Rāmāyaṇa 4
Ratnāvalī 4
Rāvaṇavadha, *Rāvaṇavaha* 4
Reduplikation 53, 67, 68, 74
regressive Assimilation 19, 49, 92
Relativpronomen 44, 45
Retroflex 6–8, 11, 24, 54, 91
Ṛgveda 81
ṛ-Stämme 32–34
Russisch 66
Śābarī 2
Śākārī 2
Śakuntalā 3, 5
Samāhāra 99
Samarādityakathā; Samarāiccakahā 4
Saṁprasāraṇa 17, 18, 60, 65, 67
Sandhi 18, 19, 24
Sanskrit xiii, 1–4, 6, 7, 10, 14, 18, 20, 27, 30, 38, 50, 53, 59, 64–73, 82, 92, 94, 96–101, 106, 108, 109
Sanskritismus 80
s-Aorist 74
Saptasatī 4
Śatapatha-Brāhmaṇa 5
Sattasaī 4
Satzanfang 40, 101, 102
Satzbau *siehe* Syntax
Śaurasenī xiii, 1–6, 8–21, 25, 26, 28–31, 33–42, 44–46, 48, 50, 55–60, 62, 64–73, 75, 77–80, 82, 92–97, 101–103, 106
Setubandha 4
Sibilant 6, 8, 11, 13, 20–22, 27, 39, 49, 91
sigmatischer Aorist 61, 73
silbischer Liquid 6, 7, 11, 14, 32, 53, 91, 92
Singular 24–47, 54–66, 71, 74– 76, 77, 99, 103
s-Stämme 39
Stammabstufung 70
Steigerung 40
stimmhaft 8, 10, 11, 20, 55
stimmlos 8, 10, 12, 21
Subjekt 101–104
Substantiv 98
Suffix 40, 50, 59, 61, 68, 72, 74–80, 92–95, 100
Superlativ 40
Svarabhakti 13, 16–19, 53, 67–69
Śvetāmbara 2
Syntax xi, 23, 101
Tatpuruṣa 97–100
Tatsama 27, 30, 35, 49
Tempus 53, 74, 105

thematische Konjugation 58–61, 64, 72
Tiefstufe 80
transitiv 102
t-Stämme 38
udvṛtta-Vokal 18
unbestimmter Artikel 101
unbetont 15
u-Stämme 29, 31, 32, 34
ū-Stämme 30, 31
Vasantasenā 4
Vasudevahiṇḍi 5
Vedisch 1, 25, 53, 57, 81, 95
Velar 6
Verb 13, 53, 54, 61–72, 75, 76, 78–81, 92, 94, 99, 101, 102, 104
verbale Komposition 99
Verbalstamm 53–57, 60, 61, 70, 75–77, 80–82, 93, 95
Verbalsystem 53
Verbum finitum 54
Vergangenheit 53, 105
Verschlusslaut 10
Verwandtschaftstermini 32–35
Visarga 6, 7, 12, 18, 22, 24, 25, 27, 54, 59
Vokal 6, 9–11, 13–19, 21, 23, 24, 30, 35, 39, 64, 92, 94
Vokaleinschub 13
Vokalhäufung 10
vokalische Deklination 23
Vokativ 9, 14, 24–36, 97, 99, 104
Voranstellung 16
Vorderglied 97–99, 100
Wortanlaut 8, 9, 13–16, 18, 19
Wortauslaut 9, 13, 14, 18, 23–27, 35, 54, 59
Wortbildung 97, 99, 100
Wortinlaut 8, 9, 14
Wortstellung 101
Wurzel 9, 53, 55, 58, 64–74, 77, 78, 80, 92, 94–96
Zahlwort 47, 104
Zukunft 105

8.2 Personenregister

Aśoka 1, 2, 15
Aśvaghoṣa 1
Bappairāa 4
Bechert, Heinz 1
Beurlen, Wolfgang 107
Buddha 2
Bühler, Georg xi
Cārudatta 4
Cowell, Edward Byles 106
Daṇḍin 1, 2
Duṣyanta 4
Forster, Georg 3
Goethe, Johann Wolfgang von 4
Guṇāḍhya 2
Hāla 5, 106
Haribhadra 4
Hemacandra 70, 106
Herder, Johann Gottfried 3
Hultzsch, Eugen 106
Jacobi, Hermann 106
Jha, Munishwar 107
Jha, Subhadra 106
Kālidāsa 3, 4
Lassen, Christian 106
Mārkaṇḍeya 2, 106
Pāṇini 1, 25
Pischel, Richard xi, 106, 107
Rājaśekhara 3
Śakuntalā 4
Saṅghadāsa 5
Schmidt, Richard 64, 107
Schubring, Walter 107

Sen, Sukumar xi
Simson, Georg von 1
Śrīharṣa 4
Triballos 4
Vākpatirāja 4
Vararuci 1, 106
Vasantasenā 3, 4
Vikramāditya 106
Viśākhadatta 4
Weber, Albrecht 106
Woolner, Alfred C. xi
Yaśovarman 4

8.3 Wortregister

Ardhamāgadhī

'tti 102
ā- 99
abbavī 73
abbhe 74
abhi- 99
abhū 74
accharā 39
accharāhiṁ 39
accharāo 39
acche 74
acchīhi 23
āgao 81, 105
aggi 27
aggi (Paradigma) 27
aggissa 27
ahaṁ 41
āhaṁsu 53, 74
āhu 53, 74
ai- 99
aiva 11
ajja 12
akārṣaṁ 74
akāsī 74
amha (Paradigma) 41
amsi 66
aṁsi 105
aṇhāi 72
annaṁ 101
aṇu- 99
appā 37
appā (Paradigma) 37
ārabha 81
āraddha 81
arahaṁta (Paradigma) 38
asi 66
āsi 73
assa 21
assiṁ 9
atthi 66
ava- 99
baṁdha 81
bandhai 72
bandhanti 72
bemi 66
benti 66
bhaḍa 11
bhakkha 81, 82
bhakkhiya 81, 82
bhakkhiyaṁ 79
bhaṇa 82
bhaṇai 72
bhaṇiya 82
bhañjai 70
bhattapāṇa 97
bhavai 65
bhavaṁ 104
bhavissai 105
bhavissaṁ 80
bhavittā 94
bhavva 93
bherava 12
bhikkhu 12
bhindai 70
bhuñjai 70
bhuvi 74
būma 66
būyā 58
cakkhūiṁ 39
cakkhummi 39
cakkhūo 39
cakkhusā 39
cakkhussa 39
calaṇa 11
carima 15
cattari (Paradigma) 48
cau 47
cau (Paradigma) 48
cauttha 50
cava 81
cāvi 18
chaṭṭha 50
chiṁda 81
chindasi 70
chinna 81
ci 46
ciṁta 82
ciṇāi 69
cintei 73
cintiya 82
ciṭṭhai 65
ciṭṭhante 56
cuya 81

dā 81
daccha- 75
daga 15
dakkhiṇilla 100
dasama 50
dasantu 65
dasāo 9
dāuṁ 95
de (Paradigma) 63
dei 64
devinda 18
dhammaaṭṭhakāma 97
dhammiṭṭha 40
dheṇu (Paradigma) 32
dhuṇai 69
dhuṇāi 69
dijjamāṇāiṁ 80
dinna 81
disā (Paradigma) 39
dīsai 78
diso 39
diṭṭha 81
diṭṭho 79
do 47
do (Paradigma) 48
domāsaṁ 97
dosannu 15
ducca 50
dukkha 12
dumapaḍiya 97
ega 10, 47, 101
ega, ekka (Paradigma) 47
ege 47
ego 101
ekka 47
erisa 15
eva 13
gā 80, 81
gā (Paradigma) 62, 63
gaccha 81
gaccha (Paradigma) 55
gama (Paradigma) 75
gāmagaya 97
gantā 94
gāo 35
gāra 16
gatta 14
gavaṁ 35
gaya 11, 81
gāyanta 80
geṇhai 72
geṇhanti 76
geṇhāventi 76
ghara 9
giya 81
gohiṁ 35
Gotama 12
haṇa 81
haṇāmi 67
haṇanti 67
hantā 94
hantavvā 93
hariyesuṁ 102
hasa 82
hasiya 82
haya 81
hiccā 94
hiṁsai 71
hiṁsanti 71
hiṁsiṁsu 73
hoccā 94
hotthā 73
huṇai 67
huṇāmi 67
huṇāsi 67
icchai 69
iṇgāla 15
īsareṇa 103
isi 18
ita 15
itthī 9, 16
jā 81
jahai 67
jahākāmaṁ 98
jahāsi 67
jahāsuhaṁ 98
jāṇa 81
jāṇai 72
jāṇasi 72
jāṇāsi 72
jāṇe 56
jāvajjīvaṁ 98
jāya 81
jeṭṭha 40
jhijjae 57
jo, jā, jaṁ (Paradigma) 45
joga 8
juhuṇāmi 68
jujjae 57
jujjhai 68
juñjai 70
kahā 11
kahe (Paradigma) 61, 62
kahei 17, 62, 73
kahijjai 79
kama 8
kamai 64
kamma 20
kammuṇā 15
kaṇṇa 20
kantai 69
kappa 19
kara 76, 80, 81
kara (Paradigma) 71, 74

karamāṇa 80
karaṁta 80
kare- 76
kariṁsu 73
karittā 94
karitthā 73
kasiṇa 17
kattā (Paradigma) 32
kāuṁ 95
kavala 11
kesesu 11
khippai 70
khippām 13
khivai 70
kim pi 46
kiṇai 72
kira 11
ko, kā, kiṁ (Paradigma) 46
kova 11
kujjā 58, 71
kumma 14
kuvvanti 71
labha 81
laddha 81
laddhuṁ 95
lāha 11
lahae 56
lahe 56
lahissāmo 105
lahu 10
lāū 16
leha 10
leṇa 17
liṁpai 69
loṇa 17
lubbhai 68
luṁpai 69
luṇai 72
mahā 18
mahārāya 98
mahesi 18
mahinda 18
mahu 10
majjha 12
majjhima 15
majjhimilla 100
mālā 30
mālā (Paradigma) 30
maṁsa 14
manai 68
maṇasā 39
maṇasi 39
manne 56
mantā 94
manthai 72
mara 81
marua 9
māse 102
maūla 15
maya 81
māyā (Paradigma) 33, 34
māyaraṁ 102
meccha 14
meha 10
mi 66
mo 66
mokkha 12
mu 66
muai 70
muasi 70
muccae 57
muccai 78
muha 10
muyai 70
ṇaccai 68
ṇadī (Paradigma) 31
ṇajjai 78
ṇaraya 11
nasa 81
nāsai 68
naṭṭha 81
nāvā 35
nāvāe 35
nāvāhi 35
nāvāṁ 35
nāvāo 35
ṇāya 81
nayara 11
ne 81
ne (Paradigma) 63, 64
ṇi- 99
ṇiddālu 100
nīya 81
ohi 17
omāna 17
pa- 99
pabhāsase 56
paḍa 82
paḍhama 50
paḍhamaṁ 50
paḍhamilla 100
paḍi 99
paḍiya 82
paha 8
pahasio 105
pajahāmi 67
pakka 81
pakkamai 64
paṁca 48
paṁca (Paradigma) 48
paṁcama 50
pāṇahāo 15
pappei 68
pari- 99

parisā 39
parisāe 39
parisāhiṁ 39
parisāṇaṁ 39
parisāo 39
pāsa 76, 80, 81
pāsa (Paradigma) 58, 60
pāsamāṇa 80
pasaṁsaṇijjā 93
pāsaṁta 80
pāsave- 76
pāsettae 95
pasiṇe 101
pāsiuṁ 95
patta 81
pāva 81
pavisa 81
paviṭṭha 81
paya 11, 81
peranta 17
phalāiṁ 27
phalaṁ 27
pharusaṁ 102
phusai 70
phusanti 70
phusantu 70
pi 9, 46
piaama 40
pīsai 70
pivai 65
piyā (Paradigma) 33
piyaraṁ 102
posaha 16
puccha 82
pucchai 70
pucchamāṇā 80
pucchamāṇaṁ 80
pucchamāṇo 80
pucchidūṇa 94
pucchiṁsu 73
pucchiya 82
puṇai 72
puno 9
purisa 15
purisasiṁha 98
putta 19, 23, 24
puttā 25
putta (Paradigma) 24
putte 25
rai (Paradigma) 31, 32
rajja 14
rakkha 82
rakkhiya 82
ravai 66
rāyā (Paradigma) 36
rāyaputta 97
riddhi 8
rundhei 71
rūva 11
sā 101, 102
sacca 12
saddāla 100
Saddāliputtā 9
sae 67
saejjā 67
saha 103
saṁ- 99
samai 68
samaṇavaṭṭhāṇi 97
santi 66
sarai 65
sayai 67
se 43
sejjā 15
sesa 8
seṭṭha 40
si 66
sīha 10
sikkhāvei 76
silesai 68
siloga 17
siṁcai 69
sira 9
siri 13
sīsa 13
sissa 21
sisu 8
siyā 58, 104
so (Paradigma) 43
soccā 94
soccha- 75
soḍaan 11
suṇ- 75
suṇa 81
suṇāmi 69
suṇiūṇa 94
suvina 18
suya 81
tacca 50
tacchanti 69
taṇailla 100
taṇū (Paradigma) 31
tara 81
taruṇā 102
tassa 103
te 43
teṇa 103
ṭhāsī 74
ṭhavei 17
thuṇai 67
ti 9, 47, 54
ti (Paradigma) 48
tigicchaga 8
tikkhaara 40
tiṇṇa 81
tiṇṇi (Paradigma) 48
tipuraṁ 97
ttha 66
tti 9, 102
tumaṁ 42

tumha (Paradigma) 42
tuṭṭai 68
ucchu 15
ud- 99
udaga 15
usu 15
uva- 99
uvaciṇāi 69
uvāsaga 10
uventi 66
va 13, 16
vaṇakamma 97
vandittā 94
vaṭṭa (Paradigma) 56, 58
vattuṁ 95
vāu 11, 29
vāu (Paradigma) 29
vaya 75, 81
vāyā 39
vayāmo 68
vayaṇa 11
vayanti 68
vi 9
vi- 99
vihariṁsu 105
vijjai 79
vindhai 68
vinnu 15
voccha- 75
vubbhai 78
vutta 9, 81
vva 16

Jaina-Māhārāṣṭrī
āsa 13
assa 13
bhuñjai 70
carima 15
ita 15
jāṇasi 72
jāṇāsi 72
kahemi 73
kiṇāmi 72
kīrai 78
kuṇadi 71
kuvvai 71
kuvvanti 71
mhi 9
pāsai 13
posaha 16
sakkenti 69
si 9
soyavva 93
suvāmi 67
ucchu 15
usu 15
va 13, 16
vva 16

Jaina-Śaurasenī
carima 15
cattā 94
kuṇadi 71
kuvvadi 71
muyadi 70
posaha 16

Latein
decem 49
esse 9, 65
ita 15
-tus 80

Māgadhī
ācaśkadi 62
adha 9
aggado 103
aggi 27
aggi (Paradigma) 28
ahiluhia 105
akka 19
akkhi 12
antie 104
appa 19
appā (Paradigma) 37
ārabbha 104
aśiṁ 49
aśme 42
aśta 13
aśti 66
attā 37
atta (Paradigma) 37, 38
aṭṭha 49
aṭṭhalaśa 49
ayaṁ 9
bāhiṁ 104
balākkāla 20
bālaśa 49
bāvīśa(ṁ) 49
bhāāmi 102
bhāāśi 67
bhaṇādi 72
bhaṇamhe 57
bhaṇāśi 72
bhattā (Paradigma) 33
bhava (Paradigma) 59, 76
bhavīadi 78
bhavissadi 20, 75
cattāli 20, 49
cattālīśa(ṁ) 49
cauddaśa 49
cha 8, 49
chā 49
cilāadi 79
ciśṭhadi 65
ciṣṭhadi 8
ciśṭhadu 105
ciṭṭha 104
coddaśa 49

dakkhiṇāo 103
dāṇiṁ 16
daśa 49
daśehiṁ 49
dava 8
de 8, 44, 64
dedi 64, 67
demi 64, 67
dhāvaśi 56
dīśadi 78
du 8
dudia 50
Duśśanta 12
duvāla 17
duve 49
duyyana 13
dva 49
dvā 49
egālaha 49
eguṇaviśaṁ 49
ekka 101
ekka (Paradigma) 49
ekkavīśa 49
enti 66
gāe 57
gahida 91
gāidaṁ 105
gamiduṁ 96
gantūṇa 95
gaścia 95
gehya 12
ghida 11
hake, hage (Paradigma) 42
haladi 65
halāmi 65
haśa (Paradigma) 61
haśāmo 56
hāśedi 77
hasiūṇa 95
hatthi 13
honti 56
huvīadi 78
idāṇiṁ 16
iṁ 9
iścaśe 57
iścīadi 78
iti 102
jīvadi 102
jīvaśi 64
kada 11, 91
kādavva 93
kadhedi 62, 73
kadheśi 62
kadua 95
kāduṁ 96
kala (Paradigma) 71
kāledi 77
kalīadi 78
kaññakā 12
kayya 93
kidaṁ 105
kiṁ 102
kiṇa- 72
kiviṇa 15
ko, kā, kiṁ (Paradigma) 47
kośiṇa 17
lāā, lāyā (Paradigma) 37
laḍana 17
laḍaṇa 16
lagga 92
lahade 57
lahaśśa 13
lakkha 49
lakkha (Paradigma) 61
laśkaṁ 49
lihāvedi 77
luadi 62, 66
luhila 8
mahantaṁ 38
mahante 38
mahattala 40
mahinda 18
mālā 30
masāṇa 9
maścalīsattu 100
mhi 9
miśśa 13
mottuṁ 104
mukka 92
muñcanti 70
ṇadī (Paradigma) 31
ṇava 49
ṇaviṁ 49
neścadi 18
ṇihuda 91
ṇikkamadi 64
ṇiścala 13
odalia 95
pa- 99
paccakkhaṁ 104
pādehiṁ 103
paḍhama 50
paduma 17
pai 104
palāida 92
paṁca 49
paññalaha 49
paññāśa 49
pāse 104
paśīdantu 61
paśka 12
phalā 27
phalāiṁ 27
phalaṁ 27
pida (Paradigma) 35
pivamha 61
pivāmi 65
pivāmo 61
pola 12

puhavī 12
puliśa 15
pulise 9
puñña 12
puścadi 12
puścāmi 56
puścante 80
puścāvedi 77
puścida 91
puścidum̐ 96
putta (Paradigma) 26
puttāha 26, 27
śada 49
saddhim̐ 104
saha 103, 104
śaha 103
śahaśśa 49
śakkīadi 78
sam̐- 99
śamālovida 92
samīvam̐ 104
sam̐muham̐ 104
śam̐puṇṇa 92
samuppaṇṇa 92
śanta 14
śanti 66
śaśadi 67
sasai 67
śatta 49
sattalaśa 49
śattali 49
se 9
śe, śā, tam̐ (Paradigma) 44
śela 12
śi 9, 16, 66
śiāla 12
śidalāadi 79
śma 66
śmi 66
śolaha 49
śudam̐ 105
sukkha 21
śulagga 92
śumalāmi 65
śumalida 92
śumalidam̐ 105
śuṇādi 69
śuṇāmi 69
śunīadi 78
śunidum̐ 96
śuṇudha 61
tao 49
taśśa 13
tavaśśi 13
tavaśśī 39
te 43, 44
telaha 49
thuṇai 67
tiṇṇi 49
tiśa(m̐) 49
tiśta 13
tośida 91
tti 102
tulida 18
tum̐ 43
tumam̐ 102
tumha (Paradigma) 43
uṇa 9
vandaṇīa 93
vaññāmi 68
vaścala 13
vaṭṭa (Paradigma) 55, 56
vāu 29
vāūśu 29
vera 12
viṇā 104
Viṇśu 13
vīśadi 49
vuccadi 78
yadhā 102
yāṇādi 56, 72
yāṇāśi 72
yo, yā, yam̐ (Paradigma) 45

Māhārāṣṭrī

ā- 99
āaa 84
āao 9
abbhāhaya 83
abbhantare 104
abbhuvagaa 83
ābhāsiya 84
abhi- 99
abhibhūya 83
abhigaya 83
abhisitta 83
acchi 19
acim̐tiya 82
adiṭṭha 82
aggi 19, 20, 27
aggi (Paradigma) 28
ahaha 52
aham̐ 41
ahavā 52
āhaya 84
ahighāa 83
ahiṇam̐diya 83
ahisitta 83
ahiṭṭhiya 82
ahiyam̐ 52
ahiyāsiya 82
aho 52
ai- 99
aigaya 82
aiṇia 82
āiṇṇa 84

āiṭṭha 84
aīva 52
aīya 82
ajjautta 10
ajjhāhaya 82
ajjhovavaṇṇa 83
ajuya 49
akāraṇe 103
akāraṇeṇa 52
akaya 82
akkaṁta 84
akkhi 19
akkhitta 84
alakkhiya 83
alaṁ 52, 104
ālīṇa 84
āmarisa 17
aṁdhyāriya 83
amha (Paradigma) 41
aṁilāṇa 83
aṁtaragaya 83
aṁtariya 83
aṇavaraya 83
āṇia 84
aṇiada 83
aṇivāriya 83
āṇīya 84
annahā 51
annarāīṇaṁ 103
annāya 82
antarā 51
aṇu- 99
aṇubhūya 83
aṇuggahia 83
aṇupatta 83
aṇurāa 19
aṇuratta 83
aṇuvigga 83
appa 20
appā 37
appatta 83
apphālia 84
appia 83
āraddha 84
are 52
ārovei 82
ārovio 82
ārūḍha 84
āruhai 82
āsatta 84
āsattha 84
āsi 73
āsī 73, 105
asīi 49
atakkiya 82
aṭṭha 48
aṭṭhā 104
aṭṭhāe 104
atthaṁiya 84
aṭṭhārasa 49
atthi 21, 66
auṇavīsaṁ 49
ava- 73, 99
avadāya 83
āvaḍiya 84
avagaya 83
avagūḍha 83
avaguṁṭiya 83
avahariya 83
avaiṇṇa 83
avalamiya 83
avaṇīya 83
āvaṇṇa 84
avataṁsaanti 73
āyaṇṇiya 84
baddha 88
bahiṁ 51
bahuso 52
balavanta 38
bamhaṇa 20
bandhai 72
bandhanti 72
bārasa 48
bhadda 20
bhagga 88
bhaṇai 72
bhaṇiya 88
bhañjai 70
bhaṇṇai 78
bhatta 88
bhaṭṭha 88
bhindai 70
bhiṇṇa 88
bhīya 88
bho 52
bhottuṁ 96
bhutta 88
bhūya 88
ca 52
caiya 86
cakka 19
catta 86
cattālīsaṁ 49
cattāri 48
cau 48
caudasa 49
cauttha 50
cha 8, 48
chaliya 86
chaṇṇa 86
chaṭṭha 50
chindai 70
chiṇṇa 86
ciṁtiya 85
ciṇṇa 85
cintei 73
cintenti 73
cintesi 73
cintiyaṁ 105
coiya 85
cūya 86
daḍḍha 86

dasa 48
daṭṭha 86
daṭṭhuṁ 96
dhariya 86
dhī 52
dhir-atthu 52, 104
dhua 86
dhuṇai 69
dhūyā 35
diṇṇa 86
disā (Paradigma) 39
dīsae 78
diso disiṁ 51
diṭṭha 86
diṭṭhi 21
do 48
du 48
duiya 50
dukkha 22
dussaha 22
duṭṭha 86
duvāra 17
ega 48
egā 48
egadasa 48
egaṁ 48
egante 51
ekka 48
enti 66
erisa 15
ettāhe 51
ettha 51
etto 51
eva 52
evaṁ 51
gaa 85
gahiya 85
gaṇei 73
gantūṇa 95
gao 105
gatta 14
gaya 85
geṇhai 72
geṇhanti 72
gharailla 100
gūḍha 85
haa 91
haḍa 91
haṇai 67
harisa 17
hāsei 77
hasiūṇa 95
hasiya 91
haṭṭha 91
havissai 8
haya 91
heṭhā 104
hi 52
hīṇa 91
hiraṇṇa 19
hiṭṭha 91
hiya 91
hiyaya 15
hoi 8
icchai 69
iha 51
īhiya 84
ita 15
iṭṭha 84
itthaṁ 52
iyāṇiṁ 51
jā 45
jāa 86
jaai 64
jāai 68
jāiya 89
jaṁ 45
jāṇa (Paradigma) 57
jāṇāi 72
jatta 8
jāva 51
jāya 86
jeṇa 52
jettha 51
jia 86
jiṇṇa 86
jiya 86
jo 45
jujjai 70, 78
jujjhai 68
jutta 19, 89
kā 46
kaḍhia 85
kahā 11
kaha (Paradigma) 75
kahaṁ 52
kahavi 52
kahe (Paradigma) 62
kahei 73, 75
kahiṁ 51
kāi 46
kajje 104
kajjeṇa 104
kālagaya 85
kallaṁ 51
kameṇa 52, 103
kaṁkhia 85
kaṁta 85
karaṇijja 93
kārei 77
karemi 54
kattha 51
katto 51
kāuṁ 96
kaūṇa 95
kāvi 46
kavva 14
kaya 14, 81, 85
kāya 51

kayāi 51
kevalaṁ 52
khaa 72, 85
khaliya 91
khaya 85
khīṇa 85
khiṇṇa 85
khitta 85
khivai 70
kiccheṇa 103
kiha 51
kilaṁta 85
kilanta 17
kiliṇṇa 85
kiliṭṭha 85
kiṁ 46
kiṁci 46
kiṁpi 46
kiṇṇa 85
kīrai 78
kiṭṭha 85
kiviṇa 15
ko 46
ko 'pi 46
koi 46
komuī 12
kovi 46
kuddha 85
kumma 14
kuṇai 71
kuppai 68
kuviya 85
labbhai 78
laddha 89
lagga 89
lāha 11
lahu 10
lahuei 79
lakkha 49
leha 10
lia 89
lihiya 89
litta 69, 89
loṇa 17
lua 89
lubbhai 68
luppai 69
maa 88
māā (Paradigma) 34, 35
mahārāya 98
māiya 88
majjhima 15
mālā 30
mālā (Paradigma) 30
mama 103
maṇāgaṁ 52
matta 88
maūla 15
maya 88
mhi 9, 16, 66
mho 66
milāṇa 17, 89
miliya 88
mīsa 13
mua 91
muai 70
muasi 70
muccai 78
mucchiya 88
muñcai 70
muṭṭha 88
na 51
nā 51
ṇāa 86
naara 10
ṇaccai 68
ṇadī (Paradigma) 31
ṇajjai 78
ṇamo 52, 104
ṇāsai 13, 68
ṇaṭṭha 86
ṇaui 49
ṇava 48
ṇecchiya 87
ṇesi 65
ṇeti 65
ṇhāya 91
ṇi- 99
ṇīa 87
ṇiatta 87
ṇiccaṁ 51
ṇigaa 86
ṇiggaya 86
ṇihaya 87
ṇihitta 86
ṇihua 86
ṇikkaṁta 87
ṇikkhitta 86
ṇiṁdiya 86
ṇimmiya 86
ṇippaṇṇa 87
ṇiruddha 86
ṇis- 99
ṇisiya 87
niuna 10
ṇiutta 86
ṇiva 11, 15
ṇivaṇṇa 86
ṇivāriya 86
ṇiviṇṇa 86
ṇivutta 87
ṇivvuya 86
ṇīya 87
ṇiyameṇa 52
ṇiyaṁtiya 86
ṇūṇaṁ 52
occhāiya 83
oharia 84
ohi 17
olagga 83
oṇavia 83

otiṇṇa 83
ottharai 69
pa- 99
paaṭṭa 88
pacchā 9, 51
pachaṇṇa 87
pachao 104
paḍhama 50
paḍi 11, 99
paḍibaddha 87
paḍisuya 87
paḍiṭṭhiya 87
paḍivaṇṇa 87
paḍiya 87
pahīṇa 88
paidiṇaṁ 51
paiṇṇa 87
pajjatta 87
pakāmaṁ 52
pakappiya 87
palāya 87
palitta 88
pamatta 88
paṁca 48
pañcama 50
paṇha 20
paṇīya 87
paññarasa 49
paññāsaṁ 49
paṇollia 87
parāiya 87
parao 104
pari- 99
paribhūya 87
parigaya 87
parihariya 87
parihīṇa 87
pariṇaya 87
pariṇīya 87
paripuṇṇa 87
paripuṭṭha 87
parisaṁta 87
pasaṇṇa 88
pasattha 88
pasīda 88
pasūya 88
patta 88
patthiya 88
paüma 17
pāūṇa 95
pautta 8, 88
pauttha 88
pauviya 87
pāvai 68
pavaṇṇa 88
pāvei 68
paviṭṭha 88
paviṭṭhe 103
payaṭṭia 88
pecchae 57
peranta 17
phalāiṁ 27
phalaṁ 27
phuṭṭa 91
pi 16, 52
pia (Paradigma) 34
piaama 40
pīḍiya 87
puccha 77, 80, 93
puccha (Paradigma) 59, 61, 75, 77
pucchaṇijja 93
pucchantā 80
pucchantaṁ 80
pucchanto 80
pucchāvemi 77
pucchiuṁ 96
pucchiūṇa 95
pucchiya 82, 88
pucchiyavva 93
puḍhama 15
pudhavī 15
puṇa 9, 52
puppha 21
purā 51
purao 104
purisa 15
puttā 25
putta (Paradigma) 26
puttaṁ 102
puttassa 24, 25, 26
putte 25
puṭṭha 88, 91
puvva 20
raaṇa 16
rāiṇo 103
raiya 89
rajja 14
raṇṇa 16
rāo 9
ratta 19, 89
raya 89
rāyā (Paradigma) 36
rina 8
risi 8
ritta 89
ruai 66
ruddha 89
rūḍha 89
rugga 19, 89
rukkha 15
ruṇṇa 89
ruṭṭha 89
ruvāmi 66
saa 10
saala 19
sahasā 51
sahassa 48, 49
sahiya 91

saī 80
salāhā 16
saṁ- 99
samāiṭṭha 90
samallīna 91
samaṁ 51
samāṇiya 90
samaṇupatta 90
samappiya 90
samāsattha 91
samatta 91
samāvaḍiya 90
samāvaṇṇa 91
saṁbhaṁta 90
saṁchaṇṇa 90
saṁdiṭṭha 90
samiddha 90
samīhiya 91
saṁjutta 90
saṁkiṇṇa 90
saṁpadatta 90
saṁpanna 90
saṁpūjio 82
saṁruddha 90
saṁṭhiya 90
saṁtuṭṭha 90
samunnaya 91
sannaya 90
saṇṇihiya 90
santi 66
sappa 19
satta 48, 90
sattarasa 49
sattari 49
saṭṭhī 49
savva 19
savvaṇṇu 15
savvao 51
savvattha 51
saya 48, 49
sayā 51
sejjā 15
seyaṁ 52
si 9, 16, 66
siddha 91
siṁcai 69
siṇiddha 91
sitta 91
siṭṭha 90
so, tā, taṁ (Paradigma) 44
sohiya 90
solasa 49
souṁ 96
sua 90
suasi 67
suddha 90
suheṇa 103
sūiya 91
sumarāmi 65
suṇai 69
suṇāmi 69
suṇanti 69
suṇei 69
suṇemi 69
suṇomi 54
sutta 91
sutta (Faden) 14, 19
sutta (schlafend) 19
suvo 17
suya 90
ta 51
tā 51
tahā 51
tahā hi 52
tāhe 51
taiya 50
taṁ 102
taṁhā 52
taṇailla 100
taṇhā 14
tao 51
tassa 21, 103
tatta 86
tattha 51
taṭṭha 86
tatto 51
tāva 51
te 43, 44
terasa 49
ṭhavei 17
ṭhia 91
thuvvai 78
ti 16, 48
tikkhaara 40
tīsaṁ 49
to 51
ttha 66
tti 16
tu 52
tumaṁ 43
tumha (Paradigma) 43
tuṭṭa 86
tuṭṭha 86
uaa 10
uatthia 85
uccei 69
ucchitta 84
ucchu 15
ud- 99
uddhāiya 85
uddhaṁ 51
uddiṭṭha 84
ugghuṭṭha 84
uiya 84
ujjaya 84
ujjhiya 84
ujjoiya 84
ukkhaya 84
ukkhitta 84
ukkiṇṇa 84
ummatta 85

ummukka 85
uṇa 9, 52
uppala 19
uppaṇṇa 84
uppua 84
ūsāriya 84
ūsiya 84
usu 15
utta 84
uṭṭhiya 84
uva- 99
uvagaya 85
uvaṇīya 85
uvaraya 85
uvari 104
uvasaṁta 85
uvaṭṭhiya 85
uvaūḍha 85
uvavaṇṇa 85
uvaviṭṭha 85
uvvigga 85
va 13, 16, 51
vā 52
vāā 39
vaḍiya 87
vahiya 83
vaira 12
varisa 16
vasīkaya 89
vāsiya 89
vāu 29
vāvaḍa 90
veḍhiya 90
vejja 12
vi 16, 52
vi- 99
vialia 89
vighatta 89
vihīṇa 90
vihiya 90
viiṇṇa 89
viiya 89
vikkaṁta 89
vikkhāya 89
vikkiṇai 72
vilīṇa 89
vilutta 90
vimukka 89
vimutta 89
vindhanti 68
viṇimmiya 89
viṇṇatta 89
virahiya 89
viratta 89
virikka 89
viruddha 89
vīsa 49
visajjiya 90
vīsaṁ 49
visaṇṇa 90
visuddha 90
vitattha 89
vitthaḍa 90
vitthiṇṇa 90
viula 10
viya 52
viyasiya 89
vuḍḍha 90
vūḍha 90
vutta 90
vuṭṭha 90
vva 16
ya 52
Pāli
dahati 67
kārente 104
Sanskrit
ā- 99
ābhāṣita 84
abhi- 99
abhibhūta 83
abhigata 83
abhighāta 83
abhinandita 83
abhiruhya 105
abhiśikta 83
abhiṣikta 83
abhūt 74
abhyāhata 83
abhyantara 20
abhyupapanna 83
abravīt 73
ācakṣate 62
acintita 82
adas 44
adhikatara 40
adhiṣṭhita 82
adhyāhata 82
adhyāsita 82
adhyupapanna 83
ādiṣṭa 84
adṛṣṭa 82
adya 12, 20
agāra 16
āgata 84
āgataḥ 9
agnayaḥ 28
agneḥ 28
agni 19, 20, 27
agnīn 28, 31
agra 19, 20
agrataḥ 9
aham 41
āhata 84
āhuḥ 74
ājñāpayati 77
ājñapta 84
ajñāta 82
ākarṇita 84
akārṣīḥ 74

akārṣīt 74
ākīrṇa 84
ākrānta 84
akṛta 82
akṣi 12, 19
akṣibhyām 23
ākṣipta 82, 84
alābū 16
alakṣita 83
ālikhita 84
ālīna 84
alpa 19, 20
āmarṣa 17
amlāna 83
anaiṣṭām 53
anavavrata 83
andhakārita 83
aṅgāra 15
ānīta 84
anivārita 83
aniyata 83
antargata 83
antarita 83
anu- 99
anudvigna 83
anugṛhīta 83
anurāga 19
anurakta 83
anyathā 51
āp 68
apa- 99
apahṛta 83
apanīta 83, 94
āpanna 84
aparāhṇa 22
āpatita 84
api 9, 16, 18, 46
aprāpta 83
apsaras 39
ārabdha 84
araṇya 16
arcita 83
ardha 21
arhat 38
arka 19
āropitaḥ 82
arpita 83
artha 13
ārūḍha 84
āryaputra 10
as 9, 16, 39, 65, 73, 81
aś 72
āsakta 84
āsanna 84
āścarya 17
āsīt 73
aśīti 49
asme 42
asmi 21, 65
asmin 9
aśnāti 72
āsphālita 84
aṣṭādaśan 49
astamita 84
aṣṭan 49
asti 21, 65
aśva 13, 21
āśvasta 84
atarkita 82
atha 9
ati- 99
atigata 82
atinīta 82
atīta 82
ativa 11
ātman 36, 37, 38
atyāhita 82
atyanta 20
auṣadha 12
ava- 69, 99
avacinomi 69
avadāta 83
avadhi 17
avagata 83
avahita 83
avahṛta 84
avamāna 17
avastṛṇoti 69
avataṁsayanti 73
avatāra 17
avatīrṇa 83
avatīrya 95
ayam 9
baddha 88
badhnāmi 72
badhnāti 72
badhyate 78
balātkāra 20
balavant 38
bandh 72, 78
bhadra 20
bhagna 88
bhairava 12
bhakta 88
bhaṇ 72, 78
bhanakti 70
bhaṇāmaḥ 57
bhaṇati 72
bhaṇita 88
bhañj 70
bhaṇyate 78
bhartṛ 33
bhaṭa 11
bhavān 104
bhavanti 56
bhavat 104
bhavati 8, 11, 17, 65
bhaveḥ 59
bhavet 59
bhaveyam 59
bhaveyuḥ 59
bhaviṣyan 80

bhaviṣyati 8, 20
bhavitavya 93
bhavitum 95
bhavya 93
bhī 67
bhid 70, 74
bhikṣu 12
bhinatti 70
bhinna 88
bhīta 88
bhoktum 96
bhraṣṭa 88
bhū 58, 65, 73, 74, 75, 76, 78, 81, 95, 96
bhuj 70
bhukta 88
bhunakti 70
bhūta 88
bhūtvā 94
bhūyate 78
brāhmaṇa 20
bravīmi 66
brū 66
brūmaḥ 66
bruvanti 66
brūyāt 58
ca 9, 18
cakra 19, 20
cakṣus 39
candra 20
carama 15
caraṇa 11
caturdaśan 49
caturtha 50
catvāri 20, 49
catvāriṁśat 49
chalita 86
channa 86
chid 70, 74
chinatsi 70
chinatti 70
chinna 86
ci 69
cid 46
cihna 22
cikitsaka 8
cinoti 69
cint 73
cintita 85
cirayati 79
cīrṇa 85
codita 85
cumbita 85
cyuta 86
dā 63, 64, 67, 75, 78
dadāmi 64, 67
dadāti 64, 67
dadātu 67
dagdha 86
dah 96
dakṣiṇa 19, 100
daṁś 65
daṁśita 86
darśana 13
darśita 86
daśāḥ 9
daśama 50
daśan 49
daśati 65
daṣṭa 86
datta 86
dātum 95
devān 31
devendra 18
dhā 67
dharma 19
dharmiṣṭha 40
dhāvasi 56
dhenu 32
dhṛta 86
dhū 69
dhunoti 69
dhūta 86
dīrghabāhu 98
diś 39
doṣajña 15
draṣṭum 96
dṛś 58, 60, 78
dṛṣṭa 86
dṛṣṭi 21
dṛśyate 78
duhitṛ 35
duḥkha 12, 22
duḥsaha 22
Duḥṣanta 12
durjana 13
durlabha 21
durmanaḥ 39
dus- 99
duṣṭa 86
dvādaśan 49
dvāra 17
dvau 48
dvāviṁśati 49
dvitīya 50
eka 10, 47, 49
ekādaśan 49
ekasya 49
ekaviṁśati 49
ekonaviṁśati 49
etad 44
eva 13
gai 62
gaja 11
gam 55, 96
gaṇ 73
gaṇayati 73
gantum 96
gata 11, 85, 91

gataḥ 81
gato 81
gātra 14
gatvā 94, 95
Gautama 12
gāyāmi 57
ghnanti 67
ghṛta 11, 14
glāna 17, 85
go 35
grah 72, 96
gṛha 9, 12
gṛhīta 85, 91
gṛhṇāti 22, 72
grīṣma 14, 21
gūḍha 85
gulma 20
hā 67, 78
han 67
hanmi 67
hanti 67
harāmi 65
harati 65
harṣa 16
has 61
hasāmaḥ 56
hāsayati 77
hasita 91
hasitvā 95
hasta 21
hastin 13, 38
hata 91
hatvā 94
hiṁs 71
hīna 91
hinasti 71
hiraṇya 19
hita 91
hītvā 94
hṛ 65
hṛdaya 15
hṛṣṭa 91
hṛta 91
hu 67
i 66
icchase 57
icchati 69
idam 44
idānīm 16
īdṛkṣa 15
īdṛśa 10, 15
īhita 84
ikṣu 15
iṣ 69
iṣṭa 84
iṣu 15
īśvara 14
iṣyate 78
iti 9, 15, 16, 102
iva 16
jagmatuḥ 53
jahāsi 67
jahāti 67
jalpita 86
jan 68, 73
jānāmi 56
jānāti 56, 57, 72
janayati 73
jāta 86
jāyate 68
jayati 64
ji 64
jīrṇa 86
jita 86
jīv 64
jīvasi 64
jīvati 64
jñā 72, 78, 96
jñāta 86
jñāyate 78
juhomi 67
juhoṣi 67
juhoti 67
jyeṣṭha 40
kabala 11
kālagata 85
kalpa 19, 21
kaniṣṭha 40
kāṅkṣita 85
kanyakā 12
karaṇīya 93
kārayati 77
karman 20
karmaṇā 15
karṇa 20
karo- 71
karomi 71
karoti 71
karotu 71
kartavya 13, 93
kartṛ 32
kartum 13, 95, 96
kārya 21, 93
kathā 10
kathaya 61, 73
kathaya- 61
kathayāmi 62
kathayati 17, 73
kathayatu 17, 73
kathita 85
kaumudī 12
kavīndra 106
kāvya 14
keśeṣu 11
khāta 85
khinna 85
khyā 66
kila 11
kim 9, 46
kīrṇa 85
kīrti 19, 21
klānta 17, 85
klinna 85

kliṣṭa 85
kopa 11
koṣṇa 17
kṛ 60, 71, 74, 78, 93, 96
kram 64
krama 8
krānta 85
krī 72, 78
krīṇāmi 72
kriyate 78
krīyate 78
kṛṇoti (ved.) 71
kṛntati 69
kṛpaṇa 15
kṛṣṇa 17, 21
kṛṣṭa 85
kṛt 69
kṛta 11, 14, 85, 91
kṛtārtha 85
kṛtvā 94, 95
kruddha 85
kṣan 72
kṣata 72, 85
kṣatriya 19
kṣīṇa 85
kṣip 70, 96
kṣipati 70
kṣipram 13
kṣipta 19, 70, 85
kṣipyate 70
kṣiyate 57
kukṣi 21
kup 68
kupita 85
kupyati 68
kūrma 14
kurmaḥ 71
kuru 60, 71
kuru- 71
kurvanti 71
kuryāt 58, 71
kvathita 85
labdha 89
labh 78
lābha 11
labhate 56, 57
labhe 56, 57
labhyate 78
laghayati 79
laghu 10
lagna 89, 92
lakṣa 49
lakṣita 89
lakṣmī 21
lavaṇa 17
layana 17
lekha 10
likhāpayati 77
likhita 89
līna 89
lip 69
lipta 69, 89
loka 10
lū 72
lubh 68
lubhyati 68
lumpati 69
lūṇa 89
lup 69
lupyate 69
mā 60
madhu 10
madhya 12, 20
madhyama 15, 100
mahān 38
mahārāja 98
mahat 38
mahataḥ 38
mahattara 40
mahendra 18
mālāyāḥ 29
mālāyām 29
mām 41
mama 41
māṁsa 14
man 68
manas 39
manth 72
manthati 72
mantrita 88
manuṣya 21
manyate 68
manye 56
māpita 88
mārga 20
marut 9
mat 41
mathati 72
mātṛ 33, 34
matta 88
matvā 94
mayā 41
mayi 41
me 41
megha 10
milita 88
miśra 13
mlāna 17, 89
mleccha 14
mohita 88
mokṣa 12
mṛdita 88
mṛta 88
muc 70, 78
mucyate 57, 78
mugdha 88
mukha 10
mukta 88, 92
mukula 15

mūlya 14, 21
muñcati 70
muñcatu 70
mūrchita 88
muṣṭa 88
na 18, 70, 80, 82, 91
nadī 30
nadīḥ 31
nadyaḥ 31
nagara 10, 11
nāham 18
naraka 11
narendra 18
naś 68
naṣṭa 86
nāsti 18
naśyati 13, 68
nata 86
nau 35
navan 49
navati 49
nayasi 65
nayati 65
nayatu 17
necchati 18
necchita 87
ni- 99
nī 63, 65
nibhṛta 86, 91
nidrālu 100
nihata 87
nikṣipta 86
nindita 86
nipanna 86
nipuna 10
nirgata 86
nirjita 86
nirmita 86
niruddha 86
nirvāpayati 76
nirviṇṇa 86
nirvṛta 86
nis- 99
niścala 13
niśita 87
niṣkrāmati 64
niṣkrānta 87
niṣpanna 87
nīta 87
nivārita 86
nivedita 87
nivṛtta 87
niyantrita 86
niyukta 86
nṛpa 11, 15
nṛt 68
nṛtyati 68
pā 65
pada 11
padma 17
pakṣa 12
pakṣin 39
pakṣmala 21
palāyita 87, 92
pañcadaśan 49
pañcama 50
pañcāśat 49
pāpena 11
parājita 87
pari- 99
paribhūta 87
parigata 87
pariharita 87
parihīna 87
pariṇata 87
pariṇayati 65
pariṇīta 87
paripṛṣṭa 87
paripūrṇa 87
pariṣad 39
pariśrānta 87
parituṣṭa 87
parvateśvara 18
paryanta 17
paryāpta 87
paścāt 9
paśya- 58
paśyati 13, 60
pathita 87
patita 87
patitum 95
paura 12
phala 27
phalāni 27
pibāma 61
pīḍita 87
pinaṣṭi 70
piṣ 70
pīta 87
pitṛ 33, 34
pītvā 95
pra- 68, 99
prabha 8
prabhāṣase 56
prabhūta 88
prach 55, 60, 70, 75, 96
prachanna 87
prachayati 76
pradīpta 88
prahīna 88
prajahāmi 67
prajvalita 87
prakalpita 87
prakīrṇa 87
prakṛti 1
prakupita 87
pramatta 88
praṇīta 87
praṇudita 87
prapanna 88
prāpnoti 68
prāpta 88

prasanna 88
praśasta 88
prasīda 88
prasīdantu 61
praśna 20, 21
praṣṭavya 93
prasthita 88
praṣṭum 96
prasūta 88
prathama 11, 15, 50, 100
prati 11, 99
pratibaddha 87
pratihata 87
pratipanna 87
pratiśruta 87
pratiṣṭhita 87
prativaddha 87
pratyānīta 87
pravartita 88
praviṣṭa 88
pravṛtta 88
prayukta 8, 88
pṛccha- 77
pṛcchāmi 56
pṛcchan 80
pṛcchati 12, 14, 55, 60, 70, 94
prekṣate 57
preṣita 88
priya 10
priyatama 40
proṣita 88
pṛṣṭa 82, 88, 91
pṛṣṭvā 94, 95
pṛthivī 15
pṛthvī 12
pū 72
punaḥ 9
punar 9
punāti 72
puṇya 12, 20
pūrṇa 87
puruṣa 10, 15
puruṣaḥ 9
pūrva 14, 20, 21
puṣkara 10
puṣpa 21
pustaka 10
putra 19, 23
putrāḥ 25, 27
putraiḥ 25
putrān 25
putrāṇām 24
putrasya 25
putrāt 24, 25
putrāya 25
putrebhiḥ (ved.) 25
putreṣu 24
racita 89
rāgaḥ 9
rahasya 13, 21
rājan 36, 38
rājya 14
rakṣ 61
rakta 19, 89
rata 89
rati 31
ratna 16, 17
rauti 66
ṛddhi 8
rikta 89
ṛju 8
ṛna 8
roditi 62, 66
ṛṣi 8
ru 66
rud 66, 78
rudati 66
ruddha 89
rudh 71
rūḍha 89
rudhira 8
rudita 89
rugna 19
rugṇa 89
runaddhi 71
rūpa 11
ruṣṭa 89
śabda 19
śabdavat 100
saḥ 9
sahasra 21, 49
sahita 91
śaila 12
śak 69, 78
sakala 19
śaknomi 69
śaknuvanti 69
sakta 90
Śakuntalā 11
śakyate 78
sam- 99
samādiṣṭa 90
samālīna 91
samānīta 90
samanuprāpta 90
samāpanna 91
samāpatita 90
samāpta 91
samārohita 92
samarpita 90
samāśvasta 91
saṁbhrānta 90
saṁchaṇṇa 90
saṁdiṣṭa 90
samīhita 91
saṁjñāta 90
saṁkīrṇa 90
saṁnihita 90

saṁpanna 90
saṁpradatta 90
saṁpūjitaḥ 82
saṃpūrṇa 92
saṁṛddha 90
saṁruddha 90
saṁsthita 90
saṁtuṣṭa 90
samucchrita 91
samudra 20
samunnata 91
samutpanna 92
saṁvardhita 90
saṁvṛtta 90
saṁyukta 90
san 72
śaṅkita 90
santi 65
saptadaśan 49
sarpa 19
sarva 19, 21
sarvajña 15
ṣaṣ 8, 49
ṣaṣṭha 50
śata 10, 49
satī 80
sattva 20
satya 12, 20
śayyā 15
śeṣa 8
śete 67
śī 67
sic 69
siddha 91
sikṣayati 76
sikta 69, 91
siṁha 10
siñcati 69
śiraḥ 39
śiras 9
śiṣṭa 90
śiśu 8
śiṣya 13, 21
śītala 79
śītalayati 79
skhalita 91
ślāghā 16
śliṣ 68
śliṣyati 68
śloka 17
smaḥ 65
smarati 17
śmaśāna 9
smṛ 65
smṛta 91, 92
snāna 8
snapita 8
snāpita 91
snāta 21, 91
sneha 17
snigdha 91
śobhita 90
ṣoḍaśan 11, 49
sparśa 13
sphuṭita 91
spṛś 70
spṛśanti 70
spṛśantu 70
spṛśati 70
spṛṣṭa 91
śram 68
śramati 68
śrāmyati 68
śrānta 14
śreṣṭha 40
śṛgāla 11
śrī 13
śrṇomi 69
śṛṇomi 69
śṛṇuta 61
śṛṇvanti 69
śrotum 95, 96
śru 69, 78, 95
śruta 90
śrutvā 94
śrūyate 78
stauti 67
stha 65
sthā 65, 74, 78, 96
sthāpayati 17
sthita 21, 91
stṛ 69
strī 9, 16
stu 67, 78
stuyate 78
su- 99
sūcita 91
śuddha 90
sukhayate 79
sulagna 92
supta 19, 91
surūpa 98
suṣka 21
sūtra 14, 19
śvaḥ 17
svāmin 39
svap 67, 78
svapna 18
svaptavya 93
śvas 67
śvasiti 67
syāt 58
tad 24, 44
takṣ 69
takṣanti 69
taṁs 73
tan 72
tanu 31
tanū 31
tapasvin 13, 39
tapasyati 79
tapta 86
tarkayāmi 20, 73

tasmin 24, 36
tasya 13, 21, 97
tataḥ 11
tavat 8
te 8, 42, 43
tepiva 53
tīkṣṇātara 40
tīrtha 13
tiṣṭha- 65
tiṣṭhanti 56
tiṣṭhati 8, 11, 65
toṣita 91
trasta 86
trayodaśan 49
triṁśati 49
trīṇi 49
tṛṇa 14
tṛṣṇā 14
tṛtīya 50
truṭ 68
truṭṭa 86
truṭyati 68
tu 8, 95
tuṣṭa 86
tvām (ved.) 42
tvarita 18, 86
tyakta 86
tyaktvā 94
uccayati 69
ucchiṣṭa 84
ucchrita 84
ucita 84
ud- 99
udaka 10, 15
uddhāvita 85
uddiṣṭa 84
uddyotita 84
udghuṣṭa 84
udvigna 85
udyata 84
uhyate 78
ujjhita 84
ukta 9, 84
unmatta 85
unmukta 85
upa- 99
upacinoti 69
upagata 85
upagūḍha 85
upānahau 15
upanīta 85
upapanna 85
uparata 85
upāsaka 10
upaśānta 85
upasthita 85
upavasatha 16
upaviṣṭa 85
upayanti 66
uṣṇa 21
utkhāta 84
utkīrna 84
utkṣipta 84
utpala 19
utpanna 84
utpluta 84
utsārita 84
utsava 13, 21
utthita 84
vac 78, 95, 96
vāc 39
vācam 39
vacana 11
vah 78
vaidya 12
vaira 12
valkala 21
vandanīya 93
varṣa 16
vaśīkṛta 89
vāsita 89
vatsala 13
vayam 42
vāyu 11, 29
veṣṭita 90
vi- 72, 78, 99
vid 69
vidh 68
vidita 89
vidvas 23
vigalita 89
vighasta 89
vihīṇa 90
vihita 90
vijña 15
vijñapta 89
vikasita 89
vikhyāta 89
vikrānta 89
vikrīṇāti 72
vilasita 89
vilīna 89
vilupta 90
viṁśati 49
vimukta 89
vinirmita 89
vipula 10
viracita 89
virahita 89
virakta 89
virikta 89
viruddha 89
visaṇṇa 90
Viṣṇu 13
visṛṣṭa 90
vistīrṇa 90
vistṛta 90
viśuddha 90
vitīrṇa 89
vitrasta 89

viyoga 10
vraj 68
vṛddha 90
vṛkṣa 15
vṛṣṭa 90
vṛt 55, 56
vṛtta 90
vyadh 68
vyāghra 20
vyāpṛta 90
vyūḍha 90
yācita 89
yad 44
yajña 20
yathā 11
yatna 8
yoga 8
yudh 68
yudhyate 68
yugma 20
yuj 70, 78
yujyate 57, 70, 78
yukta 19, 89
yunakti 70

Śaurasenī

abbhantara 20
abbhuvavaṇṇa 83
accāhida 82
accanta 20
accharā 39
accharāhiṁ 39
accharāo 39
accharia 17
acchi 19
accida 83
addha 21
adha 9
adhiadara 40
agga 19, 20
aggato 9
aggi 19, 20, 27
aggi (Paradigma) 28
ahaṁ 41
ajja 20
akida 82
akkhi 19
akkhitta 82
alakkhida 83
ālihida 84
āmarisa 17
amha (Paradigma) 41
amhi 21
āṇatta 84
āṇavedi 77
āṇida 84
aṇuratta 83
appā 37
āsaṇṇa 84
āsī 73
assa 21
aṭṭha 48
aṭṭhama 50
atthi 21, 65, 66
avaciṇomi 69
avahida 83
avaṇīa 94
avaṇīda 83
avaraṇha 22
baddha 88
bajjhadi 78
bandhāmi 72
bhāādi 67
bhāāmi 67
bhagga 88
bhaṇādi 72
bhaṇāsi 72
bhaṇida 88
bhatta 88
bhattā (Paradigma) 33
bhava (Paradigma) 58, 59, 75
bhave 59
bhavia 94
bhavidavva 93
bhaviduṁ 96
bhavissadi 75
bhīda 88
bhiṇṇa 88
bhodi 8, 11, 17, 65
bhūda 88
bhutta 88
caduttha 50
cakka 20
canda 20
catta 86
cha 48
chaṭṭha 50
chaṭṭhī 50
chiṇṇa 86
ciṇha 22
cintemi 73
cintemo 73
ciṭṭhadi 8, 11, 65
ciṭṭhīadi 78
cumbia 85
daddha 86
dahiduṁ 96
dakkhiṇa 19
daṁsadi 65
daṁsaṇa 13
daṁsida 86
dāṇiṁ 16
dasa 48
dasama 50
dava 8
de 8, 42, 44
dedu 67
demi 67
dhamma 19
dīadi 78

diṇṇa 86
disā (Paradigma) 39
dīsadi 78
diṭṭha 86
do (Paradigma) 48
du 8
dudia 50
dullabha 21
dummaṇaṁ 39
duṭṭha 86
duvāra 17
ekka 101
ekka (Paradigma) 48
ekke 48
erisa 10, 15
gacchiduṁ 96
gada 11, 85, 91
gadua 94
gahida 85
gamiduṁ 96
gaṇesi 73
garuādi 79
geṇhadi 22, 72
geṇhia 94
geṇhiduṁ 96
ghida 14
gilāṇa 17, 85
gimha 14, 21
gūḍha 85
gumma 20
haa 91
hada 91
haṇāmi 67
harisa 17
hāsedi 77
hattha 21
haṭṭha 91
hatthī 38
hatthiṁ 39
havissadi 75
hīadi 78
hida 91
hodavva 93
idāṇiṁ 16
iṁ 9
isi 18
issara 14
iti 102
jaadi 64
jadhā 11
jaṇaadi 73
jāṇādi 72
jāṇasi 72
jāṇāsi 72
jāṇe 57
jaṇedi 73
jāṇīadi 78
jāṇiduṁ 96
jaṇṇa 20
jappia 86
jhīṇa 85
jīvadi 64
jo, jā, jaṁ (Paradigma) 45
jugga 20
jujjadi 70, 78
jutta 89
kada 14, 85
kādavva 13
kadhe (Paradigma) 62
kadhedu 17, 73
kadhehi 73
kadhesu 60
kadhida 85
kadua 94
kāduṁ 13, 96
kajja 21, 93
kaṁkhia 85
kaṇha 21
kaṇiṭṭha 40
kaṇṇa 20
kanta 85
kappa 21
kara (Paradigma) 60, 71
karaṇīa 93
kāredi 77
karedu 71
karesu 60
karīadi 78
kariduṁ 96
kesesu 11
khada 72, 85
khaṇida 85
khattia 19
khitta 19, 70, 85
khividuṁ 96
kidattha 85
kilanta 17, 85
kiliṭṭha 85
kiṇa- 72
kitti 19, 21
ko, kā, kiṁ (Paradigma) 46
kukkhi 21
kuvida 85
lacchī 21
laddha 89
lagga 89
lahe 57
lakkhida 89
lia 89
litta 89
loa 10
madda 88
magga 20
mahā 18
mahantassa 38
mahanto 38

mahārāa 98
mahesi 18
mahinda 18
mahu 10
majjha 20
mālā 30
mālā (Paradigma) 30
mālādo 30
mālāo 30
maṁsa 14
mantida 88
maṇussa 21
masāṇa 9
maūla 15
meccha 14
meha 10
mha 65
mhi 9, 16, 21, 65
milāṇa 17, 89
milida 88
mohida 88
muda 88
muddha 88
muha 10
mukka 88
mulla 14, 21
muñcadi 70
muñcadu 70
muñcanti 70
ṇada 86
ṇāda 86
ṇadī (Paradigma) 31
ṇāhaṁ 18
narinda 18
ṇatthi 18, 103
nāvā 35
ṇava 48
nāvāe 35
nāvāhi 35
nāvāṁ 35
navama 50
nāvāo 35
navia 8
ṇāvia 91
nedu 17
ṇhāa 21, 91
ṇhāṇa 8
ṇīda 87
ṇihada 87
ṇihuda 86
ṇijjida 86
ṇikkhitta 86
ṇimmida 86
ṇivedida 87
ṇiviṇṇa 86
ṇivvāvedi 76
odāra 17
odiṇṇa 83
osaha 12
pa- 99
paccāṇīda 87
paḍhama 11, 15, 50
paḍhida 87
paḍida 87
paḍihaḍa 87
paḍivaddha 87
paḍivaṇṇa 87
pahūda 88
paiṇṇa 87
pajjalida 87
pajjata 87
pakkhiṇo 39
palāida 87
paṁca 48
pamhala 21
pañcama 50
pañcamī 50
paṇha 21
pariṇedi 65
pariṇīda 87
parituṭṭha 87
pasaṇṇa 88
paüma 17
pautta 88
pāveṇa 11
paviṭṭha 88
pavvadīsara 18
peranta 17
pesida 88
phalāiṁ 27
phalaṁ 27
phaṁsa 13
phuṭṭa 91
pi 9
pia 10
pīda 87
pidu (Paradigma) 34
pivadi 65
pokkara 10
pothaa 10
puccha 70
puccha (Paradigma) 55, 60, 76, 77
pucchadi 14, 55
pucchaṇīa 93
pucchāvedi 76
pucchesu 60
pucchia 94
pucchida 88
pucchidavva 93
pucchiduṁ 96
puṇṇa 20, 87
puppha 21
purisa 10, 15
putta (Paradigma) 25
puṭṭha 88, 91
puvva 14, 21
rāā (Paradigma) 36
radaṇa 16
rahassa 21
rajja 14

ratta 89
risi 8
roadi 66
rodīadi 78
ruddha 89
rudida 89
rundhedi 71
ruṭṭha 89
sacca 20
sada 48
sadda 19, 109
saha 103
sahassa 21, 48
sakkaṇomi 69
sakkīadi 78
salāhā 16
saṁ- 99
samappida 90
samīhida 91
sāmiṇā 39
saṁṇihida 90
saṁthida 90
samudda 20
saṁvaḍḍida 90
saṁvutta 90
saṅkita 90
santi 65
satta 21, 48
sattama 50
saṭṭhi 48
Saundalā 11
savva 21
si 9, 16, 65
sidalāadi 79
siñcadi 69
siñcedi 69
sineha 17
siraṁ 39
sitta 69
so, sā, taṁ (Paradigma) 44
suadi 67
suda 90
suddha 90
suhāadi 79
sumaradi 17
sumarāmo 65
suṇāmi 69
suṇīadi 78
sutta 91
suvīadi 78
suvo 17
tadia 50
tado 11
takkemi 20, 73
taṇa 14
tatta 86
tavassī 39
te 42, 44
ṭhāduṁ 96
thida 21
ṭhida 91
ti 9, 54
ttha 65
tti 9, 102
tumaṁ 42
tumha (Paradigma) 42
turida 18, 86
tuṭṭa 86
uatthia 85
ujju 8
ukkhitta 84
uṇa 9
uṇha 21
uppala 19
ūsaha 13
ūsava 21
utta 84
uvvigga 85
vaggha 20
vajjadi 68
vakkala 21
varisa 16
vaṭṭa (Paradigma) 55, 57, 59
vattuṁ 96
vāu 29
vāu (Paradigma) 29
vi 9, 73
vialida 89
vikkiṇīadi 78
vilasida 89
vimukka 89
vioa 10
viraida 89
vuccadi 78
vuḍḍha 90
vutta 90